JN440013

바람이 불거나 혹은 그렇지 않거나

바람이 불거나
혹은 그렇지 않거나

초판 1쇄 인쇄 | 2019년 08월 30일

지은이 | 정환창

펴낸이 | 이승훈

펴낸곳 | 해드림출판사

주 소 | 서울 영등포구 경인로82길 3-4(문래동1가 39)
센터플러스빌딩 1004호(우편07371)

전 화 | 02-2612-5552

팩 스 | 02-2688-5568

E-mail | jlee5059@hanmail.net

등록번호 제2013-000076

등록일자 2008년 9월 29일

ISBN 979-11-5634-363-9

정환창 에세이

바람이 불거나 혹은 그렇지 않거나

글에는 책으로,
마음에는 마음으로!

잠실 백제고분터 인근 카페에 앉았다. 문득 떠오르는 단호한 명제 "글에는 책으로, 마음에는 마음으로!"

그가 육십 평생을 자축하며 글 모음집을 묶어낸다고 할 적에 친구들은 옳거니 반겼다. 맛깔나던 그의 글들이 반짝반짝 떠오르며 반가움으로 환호하였다.

한평생 지내고 나면, 남는 거는 글뿐이지 머. 더욱이 조강 님 글이야 미호천 맑은 물에서 건져 올린 砂金들일 테니!

그렇게 한 해를 기다리던 친구들이 "책 언제 나와?"라 채근할 때 돌아온 답이 "글에만 책"을 건네겠다는 단호한 대답인 것이다.

피플475 글 마당에서 만나진 조강 님의 첫인상이 고향스러웠던 기억이다. 충청도 사투리를 멋들어지게 구사하는 그는 세상을 보는 날카로움을 구수한 사투리에 담아 정겨운 비꼼으로 친구들의 소리 없는 탄성을 길어 올리곤 하였다. 그랬던 글들을 모아 책을 내겠노라 하면서 누구든 추천사를 써주는 친구에게만 책을 건네겠다 했는데….

막상 권하는 글을 쓰자 하니 "내 주제에 감히"라는 외람된 생각으로 미룩미룩했는데 이제 안 되겠구나 하는 절박감으로 이렇게 서둘러 백제고분터 곁에 앉아 엄지글을 쓰며 혼자 빙그레 웃는다.

그는 톡톡 튀는 재담만큼이나 올곧은 친구다. 정의감이 넘치는 만큼 다정도 색깔이 있다.

둘레에 주어지는 형편을 그는 죄다 생생한 보람으로 빚어내곤 한다. 친구들의 세정을 살피면서도 무뚝뚝을 곧잘 가장한다. 살가운 다정을 머쓱한 척 버무리는 대거리의 고수이다. 그는 아내를 무척 귀히 여기는 애처가이다. 오죽하면 대명이 조강이겠는가?

언젠가부터 포토에세이가 우리 글 마당을 수놓기 시작했는데 거기엔 꼭 조강지처 그의 아내가 수려한 기행문 포토 안에 주인공으로 빛나곤 하였다. 그런 그의 글모음이다.

지난날 그의 글을 만날 때마다 히죽 감탄하던 그 맛을 다시 볼 수 있다 하니 자못 기대가 크다.

그리하여 난 오늘 이 책을 권하는 바이다.

2019 태풍이 소멸했다는 소식을 반기며 어느 여름날에

그 바보 양해관

해학과 위트 넘치는
충청도 글쟁이 조강의 출판과
새로운 인생 출발을 진심으로 축하합니다!

"타자를 칠 줄 모르시면 점(.) 하나만 찍고 가세요~^^

40대 중년 전문 포탈사이트 'people475.com'은 이렇게 시작되었다!

2000년, 새로운 밀레니엄 시대가 열렸다. 20세기가 끝나고 새로운 천 년, 21세기가 열린 것이다. 그런데 세상은 단지 1900년대에서 2000년대로 숫자만 바뀐 것이 아니었다. 수천 년 동안의 농업시대와 수백 년 동안의 산업혁명의 시대를 거쳐 새로운 3차 정보통신혁명의 시대가 펼쳐지기 시작한 것이다.

2차 산업혁명은 기차와 자동차, 비행기 등의 기계와 운송 도구들의 발전에 따라 인간에게 지형적인 거리 개념을 변화시켜 놓았다. 그 결과 지구촌은 하루 만에 지구 어디라도 갈 수 있는 1일 생활권이 가능하게 되었다.

컴퓨터와 인터넷으로 대표되는 3차 정보통신혁명은 거기에 더해 거리와 시간과 공간을 완전히 뛰어넘는 새로운 패러다임의 시대를 열어 그동안의 인간의 사고와 행동 양식을 완전히 바꾸어 놓았다. 세상의 모든 사람들이 인터넷 온라인이라는 네트워크 공간 속에서 시간과 공간을 초월하여 동시에 대화하고 정보를 주고 받을 수 있게 된 것이었다.

급격한 변화의 소용돌이 속에서, 2000년 당시 나는 광고기획, 출판, 컴퓨터 사업을 거쳐 세계 최초의 PC방 사업 창업에 이어 자연스럽게 인터넷 토탈 서비스를 제공하는 ISP(Internet Service Provider) 사업자가 되어 있었다. 따라서 컴퓨터와 인터넷의 기술이 급속히 발전되고 빠른 속도로 보급 확산되는 모습을 현장에서 생생히 목격하고 피부로 느낄 수 있었다. 미래 사회가 어떤 모습으로 어떻게 빠르게 변화할까, 그리고 그 변화에 어떻게 대처하고 적응해 나가야 할까, 나름대로 많은 생각을 하게 되었다.

그런데 당시 40대였던 나의 친구와 동료들은 대다수가 인터넷은커녕 컴퓨터도 하지 못하는 컴맹들이었다. 1950년대에 태어난 우리들은 직장생활을 하기 시작한 80년대에 들어서야 보급되기 시작한 워드프로세서나 컴퓨터를 학창 시절에 배우지 못했다. 더

욱이 1980년대에는 대개 회사에 타자기가 한 대밖에 없고 전문적으로 타자를 쳐주는 여직원이 따로 있다 보니 대학을 나왔다 해도 특수한 경우가 아니면 타자를 칠 줄 모르는 세대였던 것이다. 그러니 대다수의 친구들이 컴퓨터를 멀리했던 것이었다.

나는 그들에게 수없이 이렇게 이야기했다.

'컴퓨터와 인터넷은 앞으로의 시대를 살아가는 데 꼭 필요한 절대 필수도구이다!'

그러나 내가 아무리 강조해도 그들은 이렇게 대답하며 나를 비웃었다.

'냅 둬! 골치 아픈 컴퓨터, 인터넷 안 하고 편하게 살다 갈 거니까!'

나는 그런 그들의 모습이 너무 안타까웠다. 컴과 인터넷은 하지 않으면 불편한 정도가 아니라 볼펜이나 전화와 같이 사용하지 않고서는 앞으로 살아갈 수 없는 생활의 필수도구라는 것을 알려주고 싶었다. 심하게 이야기하면 시각장애자나 청각장애자가 되는 것이나 마찬가지라고 말이다.

마침 인터넷이 빠르게 보급되면서 인터넷 채팅사이트들이 오픈되기 시작했다. 우선은 컴퓨터에 익숙하고 새로운 문화에 빨리 접근하는 10대와 20대들 위주로 채팅사이트가 활성화되기 시작했다. 그들은 채팅을 통해 남녀가 대화를 통해 번개 미팅도 하는 등 인터넷 문화에 빠르게 적응해 나갔다.

나는 내 회사 젊은 직원들에게 컴맹, 인터넷 맹인 40대들만을 위한 포탈사이트를 만들 것을 주문했다. 직원들은 극구 반대를 했다. 컴퓨터도 못 하는 세대를 대상으로 포탈사이트를 만들어서는 절대로 성공할 수 없다는 것이었다. 하지만 나는 물러서지 않았다. 컴과 인터넷을 하지 않고는 살아갈 수 없다는 것을 확신하였기 때문이다. 결국 직원들은 나의 고집을 꺾지 못했다.

2000년 6월 25일!

40대 중년들을 위한 사이트 'people475.com'이 드디어 탄생되었다.

캐치프레이즈는 '475 청년문화를 위하여!'

4는 40대, 7은 70년대 청춘, 5는 50년대 출생이라는 의미였다.

사이트는 게시판 위주로 40대들이 천천히 편안하게 즐기면서 쉽게 컴퓨터와 인터넷을 익혀 나갈 수 있게 만들었다.

"타자를 칠 줄 모르시면 점(.) 하나만 찍고 가세요~^^"

사이트를 방문하면 처음 마주치게 되는 입구 대문에는 이렇게 써놓았다.

40대 중년 전문 포탈사이트 'people475.com'은 이렇게 탄생되었다.

사이트가 오픈되고 동아일보에 조그만 기사가 나갔다.

'40대 중년 전문 포탈사이트 'people475.com' 오픈!'

서서히 40대 청년들이 모여들기 시작했다.

일주일 후 MBC TV 9시 헤드라인 뉴스에 피플475 사이트 소개 인터뷰 영상이 떴다.

서버가 다운되었다. 컴과 인터넷에 목말라 했던 40대들이 갑자기 몰려들기 시작한 것이다.

전국 각지는 물론, 미국, 일본, 캐나다, 영국, 심지어는 아프리카에서도 40대 청년들이 인터넷을 타고 들어왔다. 수만 명의 40대들이 순식간에 회원 가입을 했다.

그들은 처음에는 정말 시키는 대로 점 하나만 찍고 나가기도 했다.

그러나 차츰차츰 멋진 글들이 올라오기 시작했다.

당시 게시판은 '낙서거나 독백이거나', '추억이 있는 이야기', '회원칼럼', '자유게시판' 등으로 간단하게 구성되어 있었다.

40대 글쟁이들이 앞 다투어 글을 올리기 시작했다.

까마득한 어린 시절 추억 이야기, 부모 모시고 자식 키우는 애틋한 글, 남편 흉보기, 아내 사랑 이야기, 사회 현상에 대한 날카로운 분석과 비판의 글 등 수준 높은 글들이 쏟아져 나왔다.

나와 피플475 사이트 이야기가 너무 길었다. 하지만 이 책의 저자 조강과의 인연을 설명하기 위해서는 어쩔 수 없는 노릇이다. 40대까지 완전히 서로 다른 환경과 떨어진 지역에서 살아오던 중년의 남자 두 사람이 인터넷에서 우연히 만나 20년 동안 어릴 적 친구보다 더 자주 만나 서로의 안부를 묻고 집안 사정과 직장 이야기를 나누면서 함께 슬퍼하고 함께 즐거워할 수 있게 된 것이 인터넷 중년사이트 '피플475' 때문이었으니 말이다.

2000년, 2001년.

'피플475' 사이트 초기에는 그야말로 재야의 중년 글쟁이들이 구름 떼 같이 몰려들었었다, 옛날 선인들이 호를 지어 서로 호칭하며 시를 주고받았듯이 각자 자기 성격에 맞는 인터넷 대화명을 지어 부르며 글을 주고받았다.

바가지, 술꾼동파, 리오빠, 크로노스, 김진, 새드무비, 푸른별, 별장지기, 그바보 등등. 각자 자신의 캐릭터를 대변하는 멋진 대화명으로 수많은 뛰어난 글쟁이들이 기성 작가를 능가하는 아름다운 글들을 쏟아내고 있었다.

바로 그때.

그런 글쟁이들 속에 혜성같이 나타나는 뛰어난 충청도 촌놈 글쟁이가 있었으니 그가 바로 조강 정환창이었던 것이다.

그의 글은 다른 글쟁이들이 세련된 표준어를 구사하고 있을 때, 마치 '나 시골 촌놈인디유~ 내 글도 한 번 읽어 봐유~' 하듯이 구수한 충청도 사투리를 섞어 써 올렸다. 그는 단번에 피플475사이트의 최고 인기 작가가 되었다. 그러나 조강이 인기 작가가 된 것은 단지 구수한 충청도 사투리를 사용했다고 된 것만은 아니었다.

그의 사투리 글솜씨와 글의 높은 문학성은 가히 충청도 사투리 문학의 대가인 이문구 선생에 필적할만하였다.

대화명 조강(조강지처의 준말)에서 나타나듯이 그의 글에는 아내에 대한 애틋한 사랑과 부모님에 대한 따뜻한 효심 그리고 자식에 대한 자애로움이 여기저기 풋풋하게 배어 있다. 그는 그 속 깊은 마음을 충청도 사람 특유의 위트와 해학을 섞어 유쾌하게 풀어낸다. 그의 글을 읽고 있노라면 신나게 웃다가 어느새 나도 모르게 마음속에서 깊은 감동이 일어나곤 하는 것이다.

그는 또한 우리 세대라면 누구나 한 번 쯤은 겪었을 법한 첫사랑의 아픈 추억을 애틋하게 기억해내기도 하고 살아가면서 일어나는 평범한 일상에서도 화두를 잡아내어 그만의 화법으로 재미있게 풀어내곤 한다.

하지만 조강은 가족사나 신변잡기만을 이야기하는 것은 아니다. 그는 국가나 사회에서 일어나는 부당함이나 불의에 대해서는 옳고 정의롭게 자신의 목소리로 용기 있게 외치기도 한다.

그는 일찍이 철도고등학교를 졸업하고 40여 년을 오로지 우리나라 철도 산업 발전을 위해 꿋꿋이 일해 왔다. 나는 한 직장에서 10년 이상을 근무하는 사람을 만나면 무조건 그들의 성실함과 근면함에 존경과 경외의 마음을 갖는다. 하물며 40여 년이라는 세월을 한 직장에서 근무해 왔다는 것은 나로서는 상상도 하기 어려운 도인의 경지에 오른 사람이라고 여겨진다.

그가 그동안 끊임없이 써온 글들을 모아 한 권의 책으로 만든다고 한다. 그동안 써놓았던 글들을 차곡차곡 모아온 것에서도 그의 성실함과 글에 대한 애정을 깊이 느낄 수 있다.

이제 그는 그 오랜 애증의 직장 생활의 옷을 벗고 제2의 찬란한 인생을 마주하고 있다. 새 인생을 맞이하는 그의 자유로운 새 출발을 축하하며 그의 뛰어난 필재와 재치 있고 구수한 말솜씨가 인생 후반기에도 화려하게 꽃피우기를 진심으로 바라는 바이다.

2019년 7월 어느 새벽

마농 이만동 올림

농촌의 감성이 묻어나 향수를 달래주는 글

나이 육십이 넘어 몇 해가 지나자 신체와 정신에 많은 변화가 생기면서 생각이 많아진다.

우리 세대가 모두 다 그렇듯이 보릿고개를 경험하고 본인의 선택이라기보다 다른 이유로 선택을 당하는 경우가 많았던 시대를 살았던 것이다. 그래도 요즘 세대들보다는 자의이던 타의이던 선택의 폭이 넓었었다는 사실은 우리 세대가 누릴 수 있었던 큰 혜택이었다고 생각하기에 위안을 삼는 것이다.

어쨌든 우리 세대는 누구나 부자이건 아니건 잘 살았건 못살았건 하고 싶은 이야기가 아주 많을 것이다. 나도 돌이켜보면 국가적으로 새마을 운동에 공업 육성화 시대를 거쳐 10 · 26사태,

12·12사건, 5·18광주민주화 운동, 6·10항쟁사건 등 역사책에 수록될 사건들을 생생히 겪으면서 그 와중에 국가 사회에 대한 걱정과 나 자신의 진로 문제로 하루하루를 고뇌에 찬 청춘을 보냈던 것이다.

영화 국제시장을 본 사람들은 많은 눈물을 흘렸는데, 월남전이나 파독 광부만큼은 아니겠지만 우리 중에는 70년대 후반에서 80년대 초에 사우디아라비아 등 서아시아의 모래펄에서 고생한 친구가 있어 그 이야기를 하면 요즘 세대들은 허풍으로 듣기도 한다. 여느 직장에서도 마찬가지였지만 철도청에서도 24시간 철야 근무를 하고 아침 9시에 퇴근을 할 시간이면 새마을운동이라고 2시간 사무실 근방 정리 시간을 위한 무보수 연장근무를 하곤 하였었다. 다들 산업역군이라는 이름으로 힘들다는 생각조차 하지 못하던 그 시절. 우리는 국가와 가정을 위해서 정말로 열심히 일했던 것이다.

가끔 친구들과 만나면 누구는 수방사에 근무하며 광화문에 진출했고, 또 다른 친구는 진압병(?)으로 진격하여 총부리를 서로 겨누다가 친구임을 확인하고 놀랐던 이야기, 5·18광주민주화 운동 당시 광주에서 경험한 이야기 등을 나누며 술잔을 부딪치기도 한다.

나도 이제 육십을 넘으니 살아 온 과정을 조금씩 정리하면 좋겠다는 의미로 나의 인생을 글로 남기고 싶다는 생각을 가끔 하곤 했는데 그러던 어느 날 절친한테 전화가 왔다. 이 친구는 조강이라는 필명 겸 호를 가지고 심심치 않게 기고하곤 했는데 그 글을 모아 책을 내고 싶다는 것이다. 일단 축하를 하고 잘 생각한 일이라 격려를 했는데 난데없이 보잘것없는 나에게 서문을 부탁하는 것이다. 거절하는 것도 그렇고 승낙하기도 그렇고…

저자 조강은 고등학교 시절부터 남다른 재주가 많았던 친구였다. 고3 시절에 학급 반장을 하였던 조강은 그 시절의 어떤 반장보다도 민주적이고 자유롭게 한 반을 잘 이끌어서 친구들의 칭송을 많이 받았었다. 교과서에 실린 수필이나 시를 통째로 암송하여 유효적절한 때에 주제에 걸맞은 글귀를 읊어내려 친구들의 감탄과 즐거움을 주었을 뿐 아니라, 방학 때 친구들에게 쓴 편지에서 천재 작가 李箱을 연상케 하곤 하였다. 나는 친구에게 작가의 길을 걷기를 여러 번 추천하기도 하였던 기억이 지금도 생생하다. 그러나 당시의 경제 여건 및 가정 여건이 문학에 전념하기에는 너무나 열악한 환경이라 결국은 사회와 가정환경과 타협을 하게 된다. 나는 지금도 조강 친구를 떠올릴 때면 친구의 재능을 살리지 못한 것이 못내 아쉽게 생각되는 것이다.

작가 조강은 철도청에 근무하면서 영주, 태백, 안동을 거쳐 고향인 청주(청원)로 귀향한 이후 그의 아내와 더불어 홀어머니를 30여 년간을 모셨다. 친부모님은 물론 빙부와 빙모에 대한 효심도 남다르다. 글 곳곳에 그 효심이 드러나 독자로 하여금 부모님을 생각하는 좋은 기회를 제공할 것이다. 또한 어릴 때부터 부모님을 도와 농사일을 하였고, 그의 아내가 농사일을 틈틈이 도와주었으며, 여가 시간에 낚시를 벗 삼아 지낸 연유로 향토애와 시골 농부의 애환을 잘 알고 있는 터라 글 속에 농촌의 감성이 잘 묻어나 있다. 그의 글을 읽는 독자는 분명히 향수를 달래주는 좋은 모티브를 얻을 것이라 확신한다.

내가 산 속에서 공부를 할 때다. 가진 것 하나 없고 앞으로의 희망도 보이지 않을 때 마음으로 의지하는 친구가 하나 있었는데 그가 바로 작가 조강이었다. 서로 이야기한 바는 없었지만 조강한테 가면 언제든지 환영하며 평생을 의지할 수 있을 거라 믿었던 친구이다. 그 믿음 하나로 나는 언제든지 갈 데가 있다라는 위안을 받았고 그 위안이 나의 큰 버팀목이 되었다.

2007년 5월 하순, 나의 누나가 수술 후 허한 몸을 추스르려고 우리 집에 요양차 와 있었다. 보양식을 찾던 중 참붕어즙이 참 좋다는 말을 듣고 평소 낚시로 세월을 낚던 조강에게 부탁했다. 조강은 미호천에서 밤새 낚은 참붕어를 그 이튿날 고속버스 편으로 한 대야를 올렸다. 그 수고로움을 마다하지 않은 친구여!

고맙고 고맙데이....!

2019년 6월 중순에 안산에서

송담 이승균

차 례

1부

2부

1부

비가이거나, 만가이거나

잠자리에 든 세상, 모든 사람들의 이튿날
아침을 맞이한 사람은 서둘러 밭으로 나가고
저승을 맞이한 사람들은 밭머리에 묻혀 영면한다.

평생 저 밭 일구며 살아내다
비로소 일에서 손 떼고 누운 언저리

햇살 눈 부셔도 일어날 줄 모르는 것은
넋은 이미 저 산 너머 일찌감치 멀어져 갔을 터.
……
아직 당분간이다.
잠에서 깨어 아침을 맞이하고 싶은

하여, 서둘러 이른 밥 지어 먹고 밭으로 나가
손마디 굵어지도록 씨 뿌리고
고랑 따라 거두는 일에 감사하며
오래도록 머물고 싶은……

몽글 몽글 피어나는 것이
어찌 저 무덤가 뒤편의 아침 안개뿐이겠는가?

2012. 11. 03.

바람이 불거나 혹은, 그렇지 않거나

애타게 그리워하거나 금방이라도 안 보면 죽을 것만 같은 그런 열정이 없음은, 우리가 나이를 먹고 세상사는 이치를 그만큼 깨달아서 이리라.

너는 너대로 네가 서 있는 거기에서 하늘을 보며 자라고,

나는 나대로 내가 서 있는 여기에서 하늘을 보며 자라고,

마주 보고 서로 고목이 되어 가는 것을 바라보면서 아주 다행스

럽게도 때로 바람이라도 불면 서로의 가지가 부딪히며 손이라도 잡을 수 있는 그런 두 그루 나무가 되어서 사는 것이다, 우리는…

인간의 마음속에는 깊이를 가늠할 수 없는 깊은 못이 있다했다. 그 심연에 대한 참담한 이해.

그 참담함이란 다름 아닌 너도 한 그루의 나무로서 나 또한 한 그루의 나무로서 평생을 마주 보며 살 수 있을지언정 하나가 될 수 없다는 그 깨달음은 아닐는지.

그 '이해'에 아파하면서, 수많은 생각의 가지들을 갈라내다가도 스스로 다가갈 수 없는 절망에 가끔은 잎새마저 떨어내도 보고 처연히 하늘만 쳐다보며 외롭게 늙어 갈지라도 우리는 나무가 되어야 하는 것이다.

다시금 싹을 틔우고 가지를 갈라내고 매미를 옆구리에 붙여도 보면서 별이라도 있으면 그늘이라도 그려 볼 일이다.

바람이 불거나 혹은 그렇지 않거나…….

2001. 04. 06.

호죽기행

임자 명절 때 맥힌 고속도로
목천서 청주 질러가는 길이 하나 있어
글루 나와서
뜨거운 차 한 잔 마실 즈음 되문
조그만 내가 하나 보이지
다리 건너 바로
내 따라 올라가다 보문
조그만 분지 안에 감춰 놓은드끼 동네 하나 나오거던
……
꿈꾼 게 아녀 증말루
베포기는 이미 잘려나간지 오래구
모든 낭구구 풀들이구 갈색으루 갈어 입었거나
붙이고 있던 잎사구덜 비듬인양 털어버린지 오랜디

베란간에 눈앞이 펴래지는겨
겨울답지 않은 날씨 대추나무 연 걸리드끼
땀 흘린 사람덜 옷 벗어 걸어놓구
파란 줄 하나

하얀 줄 하나
또 파란 줄 하나
또
신발 벗구
밭고랑 따라 열병식 하듯 걸어갔던겨

발바닥이 시리도록 차가운 감촉
놀랠 건 아니지
겨드랑이까지 가려울 것 있겠나만
몸이 게벼워지는 것이.
땅심여 -지기(地氣)

갓난애덜 장딴지 같은 거루 하나 뽑어서
아무데구 그냥 둬번 문질러
메가지 비틀어 입으로 까거나
혹은 한입 깨물어 손대지 않구 알맹이만 까먹은겨

시래기 다듬어 주시는 거친 손
구릿빛 얼굴에 흐르는 건 땀이 아니지
거룩하기까지 한
정(情) 그런 거 알지

나

증말루 본거여

호죽

신이 감춰놓은 동네

그 무욕의 땅에서 무수 뽑던

우리 고모님과 그 동네 사람덜

2000. 11. 28.

돌 씹고서

빼거더억 빠개지는 소리 내며 열리는 부엌문 밀고 들어가 단지 뚜껑을 열고 종그래기로 하나, 둘, 셋……

마당 끝 우물가 펌프질해서 절대 서두를 일은 아니다.

바가지 두 개, 오른쪽에서 왼쪽으로 물에 담긴 쌀 흔들어 옮기다 보면 돌에 섞인 쌀 몇 톨 남았다.

'널랑은 내 먹을 게 아니다.'

마당에 뿌려대면 조선 닭 댓 마리 우르르 몰려와 쪼아 먹었다.

국민핵교 3학년이니 내 손도 고사리 같었겠지.

솥뚜껑 열고 물 한 바가지 부었다, 도루 퍼내는 것을 가셔낸다고 그랬다. 거기다가 일은 쌀 붓고 왼쪽 손바닥을 얹은 다음 가운뎃 손가락 둘째 마디와 셋째 마디 중간까지 물을 채우고 뚜껑을 닫았다.

네모난 성냥갑에 신앙촌이라 써있었던가?

성냥골 그어 아궁이 불 지피고 부지깽이 가지구 이리저리 뒤적이다 보면 솥뚜껑 틈새에서 내려오는 눈물 같은 물줄기는 개흙 바른 부뚜막에 닿기 전 '피슷~' 끓어 없어지는 것이

우는 것 같이 보여 불 때기를 멈췄었다.

하릴없이 불붙은 부지깽이 가지고 바닥에 이름을 쓰거나 아궁이 속을 다독거리기를 얼만가 하다가 솔가루 한 줌 넣어 다시 불 지피다 보면 뜨득뜨득 하는 누룽지 달라붙은 소리를 신호 삼아 밥 짓기를 끝냈다.

부엌문 옆, 나뭇광에 남은 솔가루 얹고 몽당빗자루로 부엌 바닥을 얼기설기 쓸다 보면, 들일 끝낸 울엄니……

"에고, 우리 아들 밥 잘도 짓네!"

……

애처로운 듯 환한 웃음 지으시던 - 송골송골 땀 맺힌 삼십 몇 년 전의 울엄니.

"얼른 뱉어요."

빈 그릇 들이대는, 표정 없는 아내의 얼굴을 바라보며

'나는 그때 돌 하나 없이 잘도 일었는데……'

그 말 한마디 입안에 돌 섞인 밥 더불어 뱅뱅 돌고

"맹장 걸릴라……"

삼십 몇 년 에누리 없이 늙으신 엄니 말씀에 돌은 뱉어내고 말은 삼켜버렸다.

'나는 그때 돌 하나 없이 잘도 일었는데…….'

꿀꺽!

2002. 02. 04.

조강지처, 연 따라 가는 길

"황천길이 멀다 더니 대문 밖이 황천일세."

"어의야 허이야~"

"삼천갑자 동방석이가~"

"어의야 허이야"

……

영혼 떠난 육신은 산 자들에 의해 걸머지어져 대문을 나섰다.

요령 소리 처량하게 천천히 동구 밖으로 향한 상여는 만장이 신작로로 접어들면서 걸음이 빨라졌다.

사십 몇 년 전, 사 남매의 막내를 낳은 지 백일도 안 되어 홀연 떠나간 남편, 기약이 없었기에 헤아릴 수도 없는 세월, 홀로 살아내다 두 자녀마저 앞세웠다 했다.

오랜 병고 끝, 자욱했던 안개 벗어질 늦은 아침 무렵 마지막 숨길게 내 쉬며 세상 나올 때 첫숨 들이쉬던 곳으로 돌려주고 홀로 떠나가는 길.

전송 나온, 남아있는 사람들 행렬이 줄줄이 이어져 길가 코스모스 바람에 한들한들 꽃상여와 어우러져 날아가듯 가뿐하게 느껴지는 것은 앞서 가 기다리던 사람 곁으로 가는 것이기 때문이리라.

동네 사람들에 의해 미리 파 놓은 묘에서 긴 세월 - 흔적 되어버린 '진토',

고이 꺼내어져 새로이 마련한 터 왼쪽에 모셔지고, 늦게나마 그 오른쪽에 뉘여짐으로 해서 다시 만났다.

저세상, 들어는 봤어도 가본 적 없는 사람들.

무리 지어 삽질을 시작으로 흙이 덮이고 이불 덮어주듯 떼 입히는 단장 끝내자 거짓말같이 안개가 걷혔다.

세상 나올 적 홀로 나와 뼈도 살도 섞이지 않은 남남끼리 만나 부부라는 인연으로 한세상을 같이 하고

"넋이라도 있고 없고"

사십 몇 년 후에 육신마저 같이 하는 이 연.

죽음조차 갈라놓지 못하는 질긴 매듭 얽어주고 내려오는 길.

지난 계절을 견뎌낸 벼 이삭, 묵념인 양 하나같이 고개 숙이고 벼 베어낸 빈 논도 간혹 눈에 들어온다.

……

그리하리라, 둑 따라 바람에 끄덕이는 갈대 옆을 지나 내 삶도 저리 영글면 있던 자리 내어주고 돌아가리라.

산에 간 사람들 그늘 밑에 모두 모여 점심 먹는 곳, 국 날라주던 아내와 눈이 마주쳤다.

누가 먼저든 우리 서로 기다리며, 혹은 살아내며, 훗날 이와 같이 묻힌다는 걸 아내는 알까?

그리하여 살았거나 죽었거나 우리 늘 함께할 거라는 것을.

2001. 10. 09.

연풍에서 괴산 사이

가끔씩 그 산천과 또 다른 부모님 뵙고 싶어서 가는 곳.

보트장 있는 동네라면 시민들이 다 안다는 안동 처가.

몇 해 전에 뚫린 이화령 터널을 지나 세 시간의 운전.

문경 지나 폭포를 만들어 놓은 그 휴게소에서 우린 교대를 한다.

식도암 판정을 받고 고대 돌아가실 줄 알고 맘 졸였던 장인께선 8년째 정정하시고 농사철, 고추며 양파며 유난히 밭농사가 많은 것은 산이 많아 지을 논이 없어 그렇단다.

잠시 농사일에 손 떼시어 그런지 설에 뵙는 양주분 모두 신수가 훤해 보이신다.

뒤꼍 닭장에 토종닭 예닐곱 마리씩 모이 쪼는 거 매번 눈에 띄건만 밥상에 오른 지가 몇 해 전인지 기억도 가물가물한, 일테면 그만큼 묵은 사위인데 이웃집 아저씨 놀러 와서

"세배 그만 다닐 때도 되었다 만은……" 짓궂은 농에

"씰 데 없는 소리 지끼고 앉았다!"

진한 경상도 말로 되받아치는 장모님 대꾸도 정겹다.

건강은 괜찮으시냐고 여쭙지 않은 것은 밥상머리 둘러앉아 상어고기에 안동식혜 퍼먹으면서 곁눈질로 훔쳐본 아버님 식사량이 전보다 늘었기 때문이었다.

"어이하든 어른 잘 모시고 잘 살게이~"

몸뚱이 운전석에 밀어 넣을 즈음 해마다 하시는 아버님 말씀에 나는 겸연쩍게 웃기만 하고 아내는 엷문 내리며,

"어마이야 내 간데이~"

그 말 한마디로 핸들 틀면서 천천히 액셀러레이터 밟는다. 갔던 길 그대로 다시 돌아 또 그 휴게소에 운전 교대하면서

"에고! 내 핸드백! 거기에 지갑하고 다 들었는데……"

끌끌 혀를 차면서, 그 세월을 살고서도 마음 말고 친정에 뭐 남겨놓고 싶은 게 있어서일까, 아님 늙어가는 아버지, 딸 위해 할 일부러 남겨놓고 오는 심사인지.

"어마이야! 내 핸드백 놓고 왔데이 거 있나? 아부지한테 좀 부치시라 그래라."

오는 길에 수안보 온천욕. 때 밀어주면서 일부러 쳐다본 아들놈들 고추 어느새 다 영글어 있었다.

우리 내외만 세월 먹고 늙는 것은 아닌가?

핸들 잡고 앞만 보며 가는 아내에게 뜬금없이 한숨 섞어 한마디 건네 본다.

"우리 결혼한 지 얼마나 됐지?"

피식 웃는 아내 옆모습에 잔주름이 생각보다 많아 보이고 어렵게 고개 돌려 돌아보니 아들놈들 옆으로 꼬고 잠이 들었다.

연풍 지나 괴산으로 향하는 우회전 길.

달려온 길 보다는 남은 길이 가깝다는 생각에 숨소리까지 들리

는 이 좁은 공간 무르팍 비벼대면서 우리 같이 가야 할 데가 어찌 집으로 돌아가는 이 길뿐이겠냐고…….

2001. 01. 27.

5만 2천 원이거나 5천 2백 원이거나

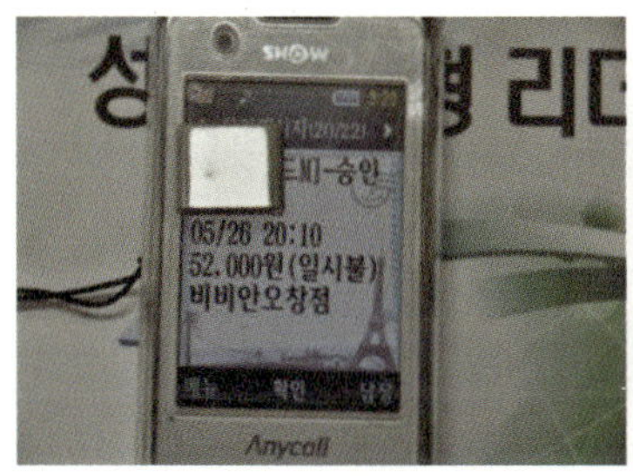

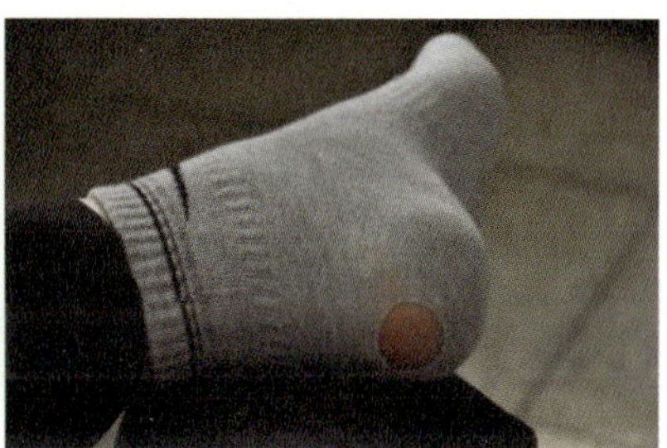

대형마트 통로 가운데 물건을 진열해놓고 파는 진열대. 다섯 켤레를 한 다발로 묶어서 오천이백 원! 발목에 두른 검은 띠 오른쪽 상단으로 말아 올라간 검은 무늬는 나이키 로고! 알고도 속아주는 것이 어느덧 미덕이 되어버린 이른바 짝퉁!

들어는 봤지만 보지는 못한 비비안!

5만 2천 원 일시불 결재!

"영감! 브래지어도 값나가는 것을 사서 차니 이렇게 편할 수가 없사옵니다."

"어떻게, 얼마큼이나 편하기에 그러시오?"

"마치 아니 찬 듯이 가뿐하옵니다!"

"어허! 그 말씀 참 해괴하오. 비싼 돈 들여 아니 찬 듯이 가뿐할 바에는 차라리 차지를 아니하면 돈 안 들이고 가뿐할 터인데 어이하여 굳이 돈 들여 가뿐하려고 그러하시오?"

"그 말씀 이해하지 못하는바 아니오나 차지를 아니하면 멱살이 늘어져 아니 되옵니다."

"이미 늙어 늘어질 때도 되었는데 늘어지는 것이 무슨 대수라 그러시오?"

"쯧! 이렇게 한심하고 답답한 냥반하고 사는 내가 참 답답하오이다."

"누가 할 소릴 누가 하는지 모르겠소이다. 그려!"

일금 오만 이천 원짜리 멱살잡이를 가슴패기에 두르고 앉아 세 켤레 오천 이백 원도 아니 하는 남편의 구멍 난 양말을 개켜 다시 신게 하는 안해는 무슨 생각을 하였을까? 하고 있을까?

입하, 소만 다 지났는데 자꾸만 뒤꿈치가 시려온다.

2011. 05. 31.

3309호 실에서

침 맞고서 이십여 분 지나면 병실이 떠나가게 울어 젖힌다고 했다.

고혈압에 의한 뇌출혈 - 현실과 우리가 넘볼 수 없는 세상을 넘나들면서. 거기서 지난 세월의 아픔을 문득 문득 만나는 모양이다.

친구의 어머니이자 나를 서방님이라 깍듯이 부르는 여인.

……

꽃다운 나이. 수줍음만 가득 안고 운명처럼 찾아든 고래 등같이 커다란 시댁. 그 촘촘히 박힌 기왓장을 휘어지라 등지고 있는 서까래 모양으로 그 시대 누구나 그러했던 것보다 더 혹독한 시집살이를 견디어낼 때. 베름빡(바람벽) 같이 등 기대주어야 할 남편은 장터에 딴살림 차렸었다.

못자리판이라 불리는 집성촌.

육촌만 넘어가면 이름도 모른다는 그 동네.

집안도, 같은 종파도 아닌, 게다가 외아들의 친구인 나를 그 아들이 보는 앞에서도 되련님이라 부르던 그 여인은 객지에서 돌아와 논배미 둘러보고 오다 마주친 그때부터 그 '되련님'을 서방님으로 바꾸어 부르기 시작했고. 어렵게 지은 하우스 농사, 수박 갖다 먹으라고 못 주어서 안달하며 떠안긴 그 수박 들고서 올 적에 신작로 접어들며 돌아본 그 여인은 잠시 허리 펴고 수건으로 이

마의 땀을 닦아내던 것이 지난여름이었다.

누구도 헤아릴 수 없는 그 아픔 혼자 삭여가면서 뒤늦게 찾아온, 본디 행복을 누리기엔 너무 지쳐 있었던지 시댁 웃어른 다들 돌아가시고 늙은 남편 뒤늦게 곁으로 왔건만 홀연 쓰러져 병원에 이렇게 지내는 것이 달포가 되었다고 했다.

땀 흘려 키워냈던 그 수박덩이보다 작아 보이는 체신에 힘에 겨워 가는 눈 뜨고 쳐다보건만 이 '서방님'을 알아보지 못한다.

듣기만 해도 가슴 저미는 '여자의 일생' 그 노랫말보다 몇 곱절 가슴 아린 사연을 남몰래 엮으면서 살아온 칠십 년 세월.

'영원한 안식'마저도 그녀에겐 호사일까

금당 모퉁이 돌아 나오면서 바라본 그 허한 들판에 고랑마다 쉬이 녹지를 못 하는 눈처럼 떠나지도 머물지도 못하면서 아직도 이 세상에 뿌려야 할 눈물이 남아있는지 패인 눈, 깊은 주름 타고 흐르는 눈물이 베갯잇을 적시고 있었다.

2001. 01. 29.

DL3009호에게

어제까지만 해도 결코 오지 않을 것 같던 봄이 성큼 다가왔다. 사무실 앞 유리창에 요란히 쏟아내는 햇살의 성화를 견디기 어려워 노천 휴게소를 지나 전차대* 쪽으로 향하다가 #3번 선에서 마취된 채 정기검진을 받는 너를 보았다.

그래, 지난겨울 그 혹독했던 추위를 우리는 잘도 견뎌냈구나. 같이 생활한 지 16년째, 회자정리의 그 '때'를 나는 알기에 너의 잠든 모습을 바라보다가 눈앞이 흐려져 옴을 어쩔 수가 없구나.

전출명령을 받고 낯선 이곳에 처음 들어섰을 때, 가쁜 숨 몰아쉬며 장항에서 올라오는 길이라며 나를 반겨주던 너의 모습을 기억한다. 작은 체구에 인간의 삼분의 일밖에 살지 못하는 짧은 생애를 오로지 기름 먹고 물 마셔가며 달려야만 하는 고달픈 운명을 안고 정해진 수명을 거부하면서 너는 용케 잘 견디고 있었지.

왠지 모르게 너에게 정이 갔던 것은 체구에 비해 무거운 화차를 열댓 량씩 끌고 다니면서도 불평 한마디 없이 맡겨진 일을 척척 해내는 당찬 모습도 그러하려니와 너의 호적등본을 들여다보면서 나와 같은 동갑내기라는 것을 알고부터였다.

1958년 미국 시카고에 GMC란 산부인과 병동에서 여섯 쌍둥이 중 하나로 출생하여 네 형제들과 함께 태평양을 건너 이곳에 왔다. 부산에 도착하여 건강진단을 받고 3009호라 이름 지어져 네가 다닐 수 있도록 정해진 길을 따라 밤낮을 가리지 않고 산천을 누볐다. 나른한 봄날 기관사들의 모진 채찍을 감수하며 노치*를 올려야 했고, 혹서기 과로로 인하여 너는 고열에 앓아눕기까지도 했다. 가을은 그래도 괜찮았던 것 같다. 눈 덮인 겨울, 미끄러져 넘어지기도 하고 혹독한 추위에 맞바람 헤치며 오르막길 숨차게 올라도 땀조차 나지 않는 어려운 계절을 넘기면서 너는 어쩔 수 없이 늙어갔다.

달마다 찾아오는 정기검진, 너는 노구의 몸으로 마취된 채 수술대에 올랐고 직원들은 장시간의 수술을 끝내고 으레 고개를 저었다. 이제, 남은 생을 헤아려야 하는 때가 오고 있다는 걸 너도 어렴풋이 짐작하고 있겠지. 충북선 그 야트막한 고갯길도 숨이 차서 헐떡인다며 불평하는 기관사들의 원성을 잠재워 가면서 하루하루 힘겨운 삶을 살다 보니 너도 힘들고 지켜보는 나도 안쓰럽기 그지없던 차에 너보다 두 배의 중량에 무려 네 배 가까운 힘으로 고갯길 숨 고르지 않고도 내쳐 달리는 대형 기관차가 하나둘 전입하여 들어오고서부터 기관사들은 너를 외면하기 시작했다.

너도 알고 있겠지, 아니 이제는 알아야 한다. 사십 몇 년 전 너와 같이 태평양을 건너왔던 형제들을 하나둘 만날 수 없음은 본디 왔던 데로 되돌려 보냈음이고 우리는 그것을 '폐차'라고 부른단다.

오늘 아침, 망설이다가 나는 마지막이 될지도 모를 너의 정기검진을 직원들에게 지시했다. 폐차될 그 날까지 마음껏 달릴 수 있도록 부품을 아끼지 말라고.

3009호!

마취에서 깨어나면 가뿐해질 것이다. 날씨도 풀렸고 내일 아침 일단은 평택입환기로 가서 몸을 좀 쉬렴, 다음은 장항까지 통근열차 한탕이다. 그다음에 충북선 화물.

너는 아직 더 견딜 수 있겠다만 그것은 어디까지나 동갑내기로서의 애정이 개입되었을 터, 머지않아 너의 안락사에 동의하는 서류에 나는 서명을 해야 한다.

슬퍼하지 말자. 3009호!

일체의 중생엔 모두 불성이 있다 하였으니, 언젠가 윤회의 수레바퀴에서 다시 만날 수 있다는 희망을 가지고 다가오는 그 날까지 하루를 소중히 여기면서 같이 뛰어보자꾸나.

사랑한다! 3009호!

• 전차대 : 기관차의 전후 방향을 전환하는 장치

노치 : 기관차 엔진회전 속도를 여덟 단계로 가감하는 장치

DL3009호 : 1958년 미국 GMC사로부터 신조 도입된 디젤기관차 중 한 대.

중량 : 75TON / 견인마력 : 875HP / 최고속도 : 105KPH

길이 : 14.325m / 폭 : 2.819m

2001. 02. 18.

가만

전생에
벙어리였나부다

답답한 속
비비 꼬아
귀만 쫑긋
매미울음 소리 담고 있는

나팔꽃

하나
둘
세 송이

20001. 07. 25.

가을편지 - 안동 어머니께

어머니!
중추요
가절입니다.
조석변개

아침으로 구름 일고
한낮
기지개한 바람에
허무하게 스러지는 이 계절에

산고를 인내하심에
이웃고
세상에 어마이를 낳아주신 고로
오늘 성찬을 먹었습니다.

어머니!
험한 세상입니다.
산다는 게 무엇이고

자식새끼 키우는 건 또 무엇인지요?

인연이라 하셨는지요?
가늘되 질긴
1호줄 넘나드는 합사 낚싯줄처럼
꾀고 맺는 것은 또 무엇인지요?

생각합니다.
이
연
제게 없었으면

이 세상
서로 아껴
두 아해 키워내며 어찌 견디었을까?

어머니!
이제사 헤아려 봅니다.

스르르
갈잎 굴러가는 소리
행여 오는 기별인가?

방문 열어젖히면

낮은 문지방
소맷귀 파고드는 찬바람

허사로다!
도로 닫고 베게 고쳐 누우시는 밤
그 새벽이 얼마나 멀리 있는지

하여,
문득 울어 젖히는 부엉이 울음소리 얼마나 소스라친 지

그럼에도 불구하고
그 소리 너머
아주 머언
충청도 나지막한 미호천 강변에 둥지 틀고
일찌감치 주저앉은 둘째 아해들의 보금자리가

지난 계절
비, 바람

용케 견디어 냈다는 소식에 안도하면서

멀찌감치 달아난 잠
다독이며 불러오는 밤 아닐는지요?

어머니!
잘살고 있습니다.
잘 살아가겠습니다.

부디
이 밤
강녕하시옵소서!

2012. 10. 15.

마디

마디!

흘러가는 세월에도
대나무처럼 마디가 있음을

그리고 지금껏 이 마디마디를 헤아려 왔음을
해마다 이때쯤이면
한 번씩 뒤돌아보면서
마디수를 세어봅니다.

지날수록 가늘어지다 끝은 하늘에 걸린 세월.
우리가 가는 곳도
하늘에 걸렸다는 생각에
대나무와 다르지 않음을 보면서
바람 불지 않기를 소원하기보다는
맡기고 흔들리다
끝이 눈앞에 보이는 언제쯤
'영~차!' 하면서 징검다리 건너뛰듯

하늘에 닿는 그 날까지
부디 건강하고 행복하기를……

바야흐로 마흔일곱 마디 조강

2004. 12. 17.

봄날

햇살 따스한 오후, 청주 본정통 거리를 아들과 아버지가 걸어간다. 하많은 사람들 비집고 들어선 곳, 20% 세일이라 해도 만만치 않은 가격의 신발가게였다. 이리저리 둘러보다 아들이 점을 찍었다. '신어 봐!' 아버지가 진열대에서 끌어내리고 아들은 조심스레 헌신 벗고 새 신을 신는다. 콩쥐의 유리구두처럼 잘 맞아 보이는데 아들은 도로 헌 신을 신는다.

"맘에 들믄 신어, 아버지 돈 많으니께~"

"아니, 이담에 친구랑 같이 와서 살랴~"

아마도 그럴 것이다. 내일이나 모레쯤, 그 이후라도 아들은 저 혼자, 아니면 아주 친한 친구 하나 데리고 지하도 입구 어디쯤 길바닥에 쪼그리고 앉아 제 발에 맞는 문수 찾아 길거리표 신발을 고를 것이다.

산다는 것이 늘 이렇다.

금 간 담장에 칠 벗겨진 대문 열고 들어서 낮잠이나 자야겠다. 자리 깔고 누우니 천장에 파리똥 까맣게 눈에 들어온다. 그래도 도배는 하고 살아야겠다. 베개 고쳐 베면서 아버지는 스르르 잠이 들었다.

2003. 03. 28.

빙어

그 너른 바깥세상 구경 한 번 못하고 입으로 물마시며 숨 쉬는 거 겨우 깨우쳐 묵언 수행하는 승려 모냥 평생을 말 한마디 못하고 그대로 살다 가기에도 남은 죄가 있었던가!!

얼음장 꺼정 덮여 괜찮겠다 싶었는데 거기다 구멍 뚫고 미끼 물려 끄잡어 낸다.

"빙어다!! 빙어야!!"

난생처음 나온 바깥세상 깊은숨 한 모금 쉬어보지 못하고 그대로 초장에 머리 박혀 수의인 양 퍼런 상춧잎에 몸 가리운 채

'밥티기 모냥 허연 구데길랑 탐하지 말어라!'

남아있는 자들에게 그 말 한마디를 못하고 몸뚱이 두어 번 흔들어 털어낸 영혼.

시린 손 불어대는 입김에 날려 보내고 내가 씹고 있는 것은 너의 침묵, 그 종지부.

2001. 01. 30.

빛바랜 일기장에서

첫 장

아직 해가 서너 발쯤 남았을 것이다.

아무래도 때는 이른 것 같은데 무엇 때문에 서둘러 가는지 모르겠다.

지독히도 검은 옷을 즐겨 입는 그대.

멀어져 가는 뒷모습을 바라보며 또다시 밀려오는 그리움을 견디어야 한다는 생각에 정말이지 남는 것은 고통뿐이다.

그날 이후로 하는 일이란 깊이를 가늠치도 못할 심연 속으로 머리를 가장 낮은 위치에 두고 끝없이 추락하는 일뿐이다.

창밖엔 조금 전까지도 당신의 좁은 어깨에 쏟아붓던 오월의 마지막 햇살이 울고 서 있다. 좁게 열린 창문 행여나 하고 당신의 체취를 찾아보지만 다가오는 것은 철길 옆을 스쳐 오는 쇳내 나는 한 줄기 바람뿐. 아직도 남은 해는 두어 발, 피곤한 다리로 찻간에 기대서서 거대한 회색의 도시로 빨려 들어가고 있을 당신을 생각하면서 영락없이 잠 못 이룰 오늘밤이다.

패잔병의 군장처럼 무거운 마음으로 허덕이며 걸어서 가야 할 내일의 새벽은 또 얼마나 멀리 있는 것일까.

2001. 12. 08.

둘째 장

중앙선 한참을 달려 늙은, 기관차가 가쁜 숨 몰아쉬며 잠시 쉬어 가는 곳.

뒷동산 주인 없는 산소에 할미꽃 우두커니 졸고 있고 두어 그루쯤 늙은 소나무 먼 산 쳐다보는 곳.

갓 심은 어린모가 간신히 몸 고추고 서 있을 들판.

때 묻은 소매로 콧물을 훔치면서 나어린 동생들 업어 달래면서 학교 다녔다는 등굣길.

갓 베어낸 보리밭 옆으로 하얀 감자꽃 눈부시고 수리개에 돌미나리 한껏 어우러져 걸음 걸을 적마다 개구리 오줌 싸며 펄쩍 뛰어다니는 곳.

가르마 새로 흰머리 솟고 지나온 세월만큼 에누리 없이 주름진 얼굴. 갈잎 소복이 떨어진 무덤 뒤편에 남아있을 잔설.

소나무 가지 흔들며 달려온 바람 한 줄기 성급히 소맷귀 파고들지라도 이승의 끝자락 같은 빈 들판, 여여로이 걸어가며 눈물 지을 그리운 내……

바람벽에 붙여 놓았던 껌 같은 녀인.

2001. 12. 28.

사과를 먹으면서

이른 저녁을 마치고 안해가 사과를 깎는데 작은 아해가 한마디 한다.

"이번 사과 맛… 대가리도 없더라!"

아해가 소리 낸 대로, 귀에 들리는 대로 옮겨 적으니

"이번 사과 맛… 때가리도 업떠라!"

이 말은 맛없음을 표현할 적 아해가 즐겨 쓰는 말이요, 어미 따라 말 배운 아해를 나무랄 일이 아니다. 잠시 생각 끝에 가로되, 우리가 맛없음을 이야기할 적 '맛대가리 없더라!' 하고 먹은들 본디 없는 제맛이 돌아올 리 없거니와 기왕 먹는 것.

"이번 사과는 맛이 좀 덜하더라." 하면 그나마 먹는 사람에 따라 맛은 좀 달라질 수도 있지 않겠나? 맛이 좀 덜하다고 해서 입맛이 한결같지 아니하고 영양분도 따라 적지는 않을 터이니 우리 기왕에 먹는 것, 먹어야 하는 것.

"그런대로 먹을 만하다." 하면서 먹으면 그나마 괜찮지 아니하겠는가? 모자 묵묵히 따라 고개 끄덕이는데, 한쪽 집어 입에 넣고 먹어보는데 아삭아삭 소리 요란하니 그런대로 먹을 만한 걸 가지고…

2010. 08. 18.

솔베이지에 대한 추억

특별한 일이 없는 한 저는 조치원역에 차를 주차시켜 놓고 김천에서 올라오는 통근열차를 이용하여 출근합니다.

무궁화열차로 20분이면 도착할 천안까지, 통근열차는 퇴행성 관절염 환자처럼 때로는 물꼬 보러 가는 늙은 농부처럼 쉬엄쉬엄 반시간에 걸쳐 올라옵니다.

언제부터인지는 정확히 모르겠습니다. 열차가 전의역을 출발하여 얼마쯤 지나면 앞칸에서 한 여인이 내가 타고 있는 칸으로 건너옵니다. 등에는 조그만 배낭을 지고 다리를 약간 절면서 걸어오는 그 여인에게 주목한 것은 그 커다란 눈망울 하며 어디서 본 듯한 얼굴의 윤곽 때문입니다.

또한, 왜 매일같이 전의역을 출발하면 뒤 칸으로 오는지, 그것도 자꾸만 궁금해져 갔습니다. 그것도 잠시, 그 여인이 내리면 이내 잊고 다음 출근 때 또 그 여인을 봅니다.

그러면 또 궁금해 하다 금세 잊고… 이런 일이 일상처럼 반복되었습니다.

열차가 전의를 출발하자 오늘도 어김없이 그 여인이 내 칸으로 왔습니다. 통학생 없는 한산한 차내 옆에 앉은 젊은이는 양 귀에다 이어폰을 꽂고 양미간을 찌푸리며 눈을 감고 있었습니다. 열차는 소정리역에 도착했고 여인은 뒤뚱거리며 내리고 차 문은 닫혔습니다. 일순간 조용해진 차 안에 이 노래가 아련히 흘러나오는 것이었습니다. 옆 젊은이의 이어폰에서 나오는 소리였습니다.

순간 나는 운명처럼 조금 전 내린 그 여인을 향해 고개를 돌렸습니다. 다리를 절며 개찰구를 빠져나가는 뒷모습을 바라보며 안개 걷히듯 머릿속이 말끔해지면서 떠오르는 기억 하나- 그녀 일 거라 생각했습니다. 아니 그녀였습니다.

스무 몇 해 전.

육군하사 계급장 달린 군복 다려 입고 나왔던 말년휴가. 오랜 준비운동 끝에 출발선 앞에 선 육상선수처럼 잔뜩 긴장해 가지고 아랫녘에 살던 -내가 사랑한, 나를 사랑한- 그 소녀 집에 인사차 갔었습니다.

순조롭게 진행되던 면접은 학력 난에 들어가서 대학을 나오지 않았다는 사실이 지적되었고 나는 볼이 멘 채 그래도 누구보다 잘살 자신이 있노라……

미덥지 못해 하시던 그녀의 부모 앞에 거북한 침묵이 흐르고 이를 어쩌지 못하고 있을 때 살그머니 일어나 음악을 틀던 여인. 그때 흘러나오던 노래.

곤경에서 음악으로 나를 건져 내주었고 내 사랑했던 소녀 말고 유일하게 내게 우호적이었던 그녀의 언니……

스무 몇 해가 지난 오늘 아침 그때 그 여인과 음악이 다시 저와 만났는데 사람은 내리고 출발하는 열차의 엔진음에 음악도 더 이상 들리지 않았습니다.

그 여름은 지나 또 봄은 가고 또 봄은 가고……

2003. 12. 04.

쉰네 살 된 해 가을부터

쉰네 살 된 해 가을부터 길가의 은행나무 잎이 더욱 노랗게 보이기 시작했다.

그해 가을부터 가지에 붙어 있는 나뭇잎보다 밑동에 떨어뜨려진 나뭇잎이 더욱 노랗다는 사실을 알게 되었다.

그리고 쉰네 살 된 해 가을부터 저 떨어지는 은행잎이 스스로 때를 가늠하여 밑으로 내려간다는 사실을 알게 되었다.

밤새 비라도 내린 날이면 밑동에 수북이 쌓인 나뭇잎이 조용히 잠들어 있음을 안 이후부터 발걸음도 조심스러워지기 시작했다.

쉰네 살 된 해 가을부터 비로소 나도 때를 가늠하기 시작했다. 도랑을 건너뛰는 아이처럼 이제나저제나 재기만을 되풀이하다가 가지에 머물러 있거나 밑으로 내려가거나 크게 다르지 않다는 사실도 스스로 밑동에 떨어진 나뭇잎을 보고서야 비로소 알게 되었다.

쉰네 살 된 해 가을부터 스스로 낮은 곳으로 내려앉아 무게 실렸던 가지 쳐다보며 노랗게 물들어가는 은행잎 되어 그의 밑동에서 잠들고 싶은 꿈 하나 내 안에서 자라나기 시작했다.

2011. 11. 05.

안동 산 삼베적삼

삼 년간의 고행을 끝으로 아카시아꽃 활짝 핀 부대 진입로를 걸어 나온 길은 '욕봤다'라는 선친의 말씀과 더불어 응봉산 자락의 이백 평 남짓 두어 떼기 콩밭으로 연결되어 있었다.

둑 따라 호밋자루 놀리다 더러는 콩 줄기도 잘라내고 이따금 호미 날에 차이는 자갈을 산 아래 골짜기로 팔매질하다가 게으른 오뉴월 해가 뉘엿거릴 즈음 더 굽어져 보이던 선친의 등 뒤로 산을 내려오기를 보름 남짓, 전에 다니던 직장에서 날아온 복직 통보서는 과거 어느 순간에 멎어버린 기억을 되살려 건전지 갈아 낀 시계가 다시 돌아가듯 콩밭 매는 것보다 더할 것도 덜할 것도 없는 그 생활로 서서히 묻혀 가고 있었지 싶다.

마냥 곁에 있을 것 같던 여인이 여름 우박 내리듯 홀연히 떠나가더니 그해 시월인가 동짓달인가 다른 사람의 여자가 되었다고 들었다.

딱히 하늘이 무너지는 아픔도 없었고 나를 죽이고 싶다는 절망도 없었지 싶다. 사랑니 빼고서 마취 풀릴 즈음의 그 묵직한 통증 같았던가?

허했었던 모양이다.

딴엔 마음을 달래려고 그랬던지 내 따라 둑길 한참 올라간 산 밑을 향하여 가다가 이따금씩 둑방 풀밭에 누워있는 나를 발견하곤 했다.

그때 시간이 매번 오후 세 시 반경이었다.

빠개질 것 같은 두통을 머리에 이고 저녁 거른 아침에 쓰린 속 달랠 길은 물 한 모금 입에 물고 출근하다가 역 앞 그 슈퍼의 베지밀 한 병이 신기하리만치 속을 달래주었었다.

여기저기 들어오는 줄을 놓아 등 떠밀린 선을 본 것이 열 번은 족히 되었으리라.

모시고 비단이고 다 마다하고 운명처럼 '안동산 삼베적삼'을 골랐던 것이다. 그날 이후로 스테인리스 요강과 가짜 보르네오 농짝, 더불어 같은 방을 쓰고 있는 여자.

녹슬지 않고 찌그러지지도 않은 요강은 그렇다 치고 삐걱대는 가짜 농짝도 아직은 쓸 만하다는 이유로 버리지 않고 산다.

파종 시기를 놓친 묵은 콩자루인 양 방 한구석 늘 차지하고 있는 존재, 쳐다보면 내가 그인지 그가 나인지 이미 또 다른 '나'가 되어 버린 '안동산 삼베적삼'까지.

2001. 01. 11.

이층집 창가에서

때로는 못 견디게 보고 싶을 때가 있다.
따뜻한 이부자리 속 다리 포갰을 때 그 스킨십이 아니더라도 시동 걸고 나올 적 휴대폰 챙겨가라 슬리퍼 끌고 뛰어나오던 아내의 그 풀어진 머리, 옷매무새 만져주며 서양식으로 인사라도 한번 해 줄 걸.
지금 여기 이층집 창가, 쏟아붓는 눈보라에 피려다 만 목련 한 그루 바람에 떨고 있다.
해마다 봄은 이렇게 오는 것이 아닌가. 목련은 필 듯 말 듯 그렇게 피었던 것이 아닌가. 웃을 듯 말 듯 피식 웃어버리던 룸미러에서 멀어져가던 아내의 모습이 그러하듯이.
목련은 그렇게 피어날 것이다. 그렇게 피었다가 지고 잎이 나면 그땐 이미 목련이 아닌 것이다.
해마다 봄은 그렇게 왔다 가는 것이 아닌가,
그렇게 보내고 가고 나면 또 기다리는 것이 아닌가?

2001. 03. 29.

저 길 걷다 보면

"눈 덮인 들판을 걸어갈 때 함부로 걷지 마라!"

성현의 말씀이 아니 계시어도 가끔씩 올바로 걷고 싶어질 때가 있다.

저녁 마치고 나와 안해와 같이 걷는 길.

오늘, 화내지 않아도 될 일을 화내서 그르친 일과 화낼뻔한 일을 가까스로 참아 그르치지 아니한 일을 이야기하면서

"아무렴!"

맞장구치기도 하고

"쯧!"

혀를 차기도 하면서 걸어서 가다

만 원만 주면 광어 한 마리에 백 원짜리 동전 하나 덤으로 얹어 준다는 횟집이 보이는 바른 편 짝으로 구부러진 길에 이르러 비로소 4번이라던가 5번이라던가, 대나무처럼 마디진 내 등짝 엉치에서부터 번호 붙여진 마디뼈의 통증이 가시면서 그 횟집의 비린 내보다 내 등짝이 먼저 대나무처럼 곧게 펴지는 길이기도 하다.

내 사는 아파트먼트 뒤편 돌고 돌아 비로소 나타나는 곧게 뻗은 저 길 걷다 보면

"눈 덮인 들판을 걸어갈 때 함부로 걷지 마라!"

성현의 말씀이 아니 계시어도 가끔씩 올바로 걷고 싶어질 때가 있다.

저 길 걷다 보면.

2012. 09. 23.

'툭'

잘 가라, 다시 만나서는 안 된다.

이른 계절 꽃잎보다 더 슬프게 떨어져 간 너, 바람이 아니었다.

이파리 하나 흔들거리지 않는 어느 오후, 누군가가 너를 놓아버렸다.

마흔다섯 이 여름에 떨어지는 땡감 하나에도 나는 아파한다.

'때'를 모르기는 나도 마찬가지, 너처럼 순서 없이 떨어져 갈지라도 붙잡고 있는 존재에 대해 간구하지는 않을란다.

어차피 이 여름의 하루하루가 측백나무 늘어선 초등학교 옆의 병원에 앉아 순서를 기다리면서, 넘겨져 버리는 월간지 책장같이 넘어지는 나날 아닌가?

하늘이 갑자기 무거워졌다.

비까지야 내리겠나만 '툭' 하니 저승에 닿은 소리, 마흔다섯 이 여름에 나는 자꾸 눈물이 난다.

2002. 07. 12.

팔십일 평의 기적

아직도 내 기억의 저장소엔 아주 빛바랜 그림 하나, 먼지 소복이 쌓인 채 남아있다.

아주 오래전 저 포클레인 서 있는 자리, 낡고 허름한 초가집 한 채 서 있었다.

턱수염을 멋들어지게 기르신 증조부께서 증조모님 더불어 무르팍 아래 다섯 남매 거느리고 지지리 가난하게 사셨던, 그리고 그 허름함과 궁핍이 종조부의 턱수염만큼이나 멋지고 왠지 친근감까지 느껴져 지금으로부터 사반세기 전, 특별조치법이란 이름으로 재산을 정리할 적, 나는 감추는 심정으로 저 팔십일 평의 밭뙈기를 내 명의로 돌려놓는 데 성공하였던 것이다.

사반세기 전이란 오랜 객지 생활을 끝내고 고향으로 돌아온 지 다섯 해째 되던 때로, 경운기 몰고 와 쟁기 꾸려 이 산밭을 갈아엎고 고랑 타서 고추며 참깨며, 격일제 근무임에도 불구하고 틈틈이 비료도 주고 소독도 해가며 부쳐 먹던 시절이었으며, 논 아홉 마지기 농사와 더불어 부업으로 삼아 하던 억척은 땅에 대한 애착도 근면도 아닌 그저 밭이 거기 있었으므로 하던 일상의 행위였다.

이후 생의 근거지를 서북방으로 이십오 리 이전한 이후, 인근 지인에게 걍 부쳐 먹으라 내맡기고 버려두다시피 하다가 어느 날 문득, 사십여 년 철길에 발 걸치고 밥 빌어먹는 시한이 저만치 다가옴에 따라 저 소나무 밑에 이전의 그 빛바랜 그림에 채색작업을 시작하리라 마음먹은 것이다.

"명년 봄부털랑 내 손수 일굴 테니 밭에서 손 떼라!"

걍 부쳐 먹던 사람에게 이르기에 이르렀다.

그러고 나서야 딱히 할 일도 없다는 것을 알았지만 뱉은 말 거두어들일 수 없는 일이고 해서 어느 이른 봄날, 포클레인 수소문해서 한나절 거금 이십삼만 원을 들여 정지작업에 들어갔던 것이다. 그랬다!

때가 되면 죽은 듯 뻗어있는 가지에도 새순 돋아나듯 겨드랑이 가려워 오면서 호미 내어 밭고랑 따라 걷고 싶어지는 게 개나리 잎이 나기 시작하는 요맘때쯤 아니었던가!

"일하러 가는 게 아니라 소풍 가는 것이다!"

내외간 비닐 챙겨 서툰 솜씨로 비닐을 덮고 이웃에서 얻어온 파프리카, 양배추, 삼채, 호박모 등을 심었다. 우린 한나절 작심하고 해야 할 비닐 덮은 일을 우리의 이웃은 지나는 길에 잠깐 거들어 주듯 아주 쉽게 덮고, 심는 요령을 가르쳐 주었다.

작은집에서 얻어온 강낭콩. 내일모레쯤 전국적으로 비 온다는 일기예보 반기며 고랑 따라 콕 콕 질러 넣으면서 이 마르고 딱딱하기 그지없는 콩알 하나 땅에 묻음으로써 훗날 뿌리내리고 꽃피고 열매 맺어 열 배, 스무 배의 수확을 약속받는 이 경건하고 거룩하기까지 한 약속과 믿음이 기적이 아니고 무엇이라 달리 이를 수 있겠는가?

하여, 이 봄날 한나절의 노동 끝에 밭머리에 라면 끓여 밥 말아 먹는 점심에 앞서 우린 아주 진실하고 엄숙한 마음으로 잠시 잠깐 감사의 기도를 올렸다.

팔십일 평의 산밭에서의 기적은 이렇게 약속되었던 것이다.

2015년 어느 봄날

2015. 04. 19.

빵

가난이라고 하는 것을 토담처럼 집집마다 끼고 살았던 시절, 그 중에서도 가난한 사람들 골라서 주전자 가지고 오라 그랬습니다. 강냉이죽 타 가지고 개선장군처럼 집에 오던 시절.

교실은 송판때기 겹겹이 둘러대고 지붕은 기와였던지 기억이 가물가물한 어느 적엔가 그 교사 헐리던 날, 어디서 나왔는지 수천 마리의 박쥐가 대낮에 하늘을 까맣게 덮었더랬습니다.

그날 이후로 강냉이죽은 사라지고 당나귀가 끄는 작은 수레에 실려 칸칸이 잘라 먹으라 금 그어진 빵이 배달되었습니다.

번호순대로 돌아가면서 이틀이나 사흘에 한 번씩 얻어먹던 그 빵. 내 앞에서 줄이 끊기면 하굣길 책보가 유난히 어깨를 눌렀고, 이튿날 맨 앞에 섰다가 모서리 떨어져 나간 빵이 돌아오기도 했으며 손으로 잘라주시던 선생님의 실수로 귀퉁이가 엄청나게 불어난 빵이 쥐어지기도 했었습니다.

차츰 줄어드는 줄, 내 앞에서 끊기지나 않을까 조마조마하면서 앞에서, 뒤에서 들리던 침 삼키는 소리가 아직도 들리는 듯……

그 냄새, 그 시절이 마냥 그립습니다.

2001. 01. 30.

결혼 스물일곱 번째 해

일 끝날 시간이 한 시간여 남았는데 안해로부터 전갈이 온다.

"오늘 퇴청이 늦으시온지요?"

"아니오, 별일 없으니 아마도 제시간에 갈 듯 하오이다."

……

"부인, 집에 뭔 일이라도 있소?"

"가만 생각하다 보니 오늘이 결혼 기념일이라서……"

……

"이런, 어찌 이런 일이…… 저녁을 나가서 드십시다. 어디 조용한 레스또랑에라도 가십시다그려."

"만찬은 어머님과 같이 드시는 것이 어떠하옵신지……"

"부인 뜻에 따르오이다. 내 마땅히 그리하리다."

서둘러 귀가하여 팔순 노모 모시고 김치찌개하고 만찬을 끝낸 다음, 늘 그러듯이

"저녁 운동 다녀오겠사옵니다."

노모께 고하고 밖으로 나오니 밤공기가 여간 찬 것이 아니다.

잰걸음으로 걷다가 가끔 들르던 선술집으로 약속한 듯 들어섰다.

메뉴가 단출하니 따로 선택할 여지가 없다.

국민의례는 일찌감치 생략하기로 하고 부속구이에 '시원' 소주

한 병 달라 해놓고 안주 굽는 사이, 소주병 모가지 비틀어 각각 한 잔씩 부어놓고 눈을 맞춘다.

"건강과 행복을 위하여!" '쨍그랑'

안해도 가볍게 한 잔 홀짝 들이켠다.

남은 소주 내외간에 잔 베어 마셔가면서,

팔순 노모를 주제로 10분,

아해들 주제로 10분,

같이 살아온 지난날 되짚어 보기 40분.

"우리 내외는 부부의 연을 맺은 이래 스물일곱 해를 대과 없이 살아왔으므로 앞으로도 이와 같이 살고자 함에 의견을 같이한다."

몰려든 내외신 기자들 앞에서 공동성명 발표하고 밖으로 나오니 찬바람이 옷깃을 후빈다.

안해의 손을 잡아 내 주머니 속으로 집어넣는다.

"일만 오천 냥으로 우리의 스무 일곱 번째 결혼기념일 행사를 성황리에 마쳤소이다그려."

안해는 아무 말 아니하고 주머니 속에서 내 손을 꼭 쥐어 오는데 거친 손마디의 감촉이 고대로 전해 온다.

한 줄기 바람이 휭하니 앞질러 가더니 덩달아 가로수 밑 낙엽이 우르르 바람 따라 몰려간다.

가을도 깊어가고 깊어가는 가을의 그 밤도 깊어 가는데 술집 나설 때 뽑아 든 자판기 커피와 더불어 우리의 사랑도 뜨뜻미지근하게 식어가는 것은 아닐까?

주머니 속 안해의 거친 손마디를 검지로 번갈아 문질러 대면서 오노라니 조금은 서글픈 밤이다.

2010. 11. 08.

군불이라 쓰고 궁불이라 읽는다.

새신랑 적, 강원도 같은 경상도.

안동 처가에 가면 윗방에 짐을 풀었다.

안방과는 미닫이문으로 나뉘어져 있다.

"안녕히 주무세요!"

인사드리고 건너와 자리 깔고 누우면 티브이 소리에 두런두런 부모님께서 나누시는 대화가 섞여 자연스레 귀가 쫑긋 세워지는 그런 밤.

등허리 땀나도록 달아오른 구들장 베고 누운 잠은 새벽녘 바닥이 식어오면서 잠에서 깨어났다.

뒷간 출입 차 문을 열고 나오면 살을 에는 찬 공기가 훅하고 폐 깊이 스며드는 바람에 돌아와 다시 누워도, 놀라 달아난 잠이 쉬 다가오지 않을 그즈음. 밖에서 솥뚜껑 열리는 소리가 들리고 빠짝 빠짝 장작불 지피는 소리.

이른 새벽.

안동 아버지가 쇠죽 끓이시기 위해 지피시는 군불에 등허리 타고 올라오는 바닥의 온기는 다시금 아늑하고 편안한 꿈나라로 나를 인도하곤 했다.

지금, 외양간은 비워진 지 오래고 그 윗방 고쿠락도 따라 없어졌다. 이후 초저녁부터 새벽까지 기름보일러 밤새 돌아가는 바람에 그 시절 얘기 추억이 되어버렸지만, 동네 사람들 너나 할 것 없이 그 집 청주 사위가 제일이라 카더라 하는 칭찬의 근원은 한겨울 어둠이 가시지 않은 이른 새벽, 당신 자식들의 뜨뜻한 잠자리를 위해 시린 등허리 마다치 않으시고 군불 지피시던 아버지의 은혜에 대한 보답에 기인한다는 것을 누가 알까?

외풍조차 없는 15층 아파트먼트 안방.

불면으로 밤새워 뒤척였어도 아직은 먼 새벽.

꿈이런가,

어디선가 빠짝 짜락 장작불 지피는 소리 들려오고 고쿠락 앞에서 낡은 '잠바' 걸치시고 부지깽이 뒤적이며 들여다보시는 안동 아버지의 모습이 괄해지는 장작불 앞이 불 밝혀지듯 환하게 떠오른다.

옥매트라 불리는 전기깔개, 밤새도록 침대 밑에서 등 덥혀 올지라도, 꿈나라도, 새벽도 아직은 너무 멀리 있는

하여, 아버지의 뜨뜻한 군불이 참으로 그리운 이 새벽.

2013. 03. 21.

2부

설악산 - 끝이 좋지 않은 추억 하나

설악산! 말로만 들어봤지 한 번도 가보지 못한 그래서 한 번쯤 가봐야 하지 않겠나 하고 작심하게 된 동기는 설(雪)이 오거나 진달래가 피거나 단풍이 들거나 안방에 모셔져 있는 바보상자에서 예쁘장한 리포터 내세워 시시때때로 호들갑 떨어대니 늘 같은 방 쓰는 여인, 들어보란 듯 한숨 깊게 내쉬며.

'내사 어느 세월에 저런 데 한번 가보겠나.
저 여편네들은 신랑 잘 만나 저런 호강 잘도 하네……'

'에고 이 좋은 시절에 내 같이 박복한 년이 세상 어디에 또 있을라고……' 하고 옥에 갇힌 춘향이 보다 더 깊게 탄식을 하니 요 대목에선 우러러 나오던 일말의 연민은 사라지고 한번 오지게 쥐어박고 싶은 울화가 치밀어 오르다 억지로 넘긴 밥 한술이 식도 중간쯤에서 팽팽하게 맞서 가까스로 숭늉 사발 들이켜 넘기고 나니 이 지랄도 한두 번이지 사시사철 밥 넘기다 제 명에 못 살 것 같은 지라.

때는 바야흐로 그리 오래지 않은 어느 해 만추지절. '정서방'이라 하면 동서고 처남이고 다 제쳐두고 끔찍이 여겨주시는 장모님 생신이라. 그 생신 빙자해서 사흘간의 휴가를 얻어내고 그중 1박 2일을 설악산 가기로 작정을 하였으니, 이 모든 것이 따지고 보면 남은 인생 자존심 다 버리고 '가내 평안'이 제일이란 깨달음에서 비롯된 것이라.

어찌 됐건 시골 중늙은이 내외가 물어물어 속초까지 올라간 것도 대단하거니와 이정표에 꿈에도 그리던 설악산 표지까지 나오고 보니 긴장도 풀리거니와 아직 해가 서너 발은 족히 남은 터라.

대포항인가 하는 데까지 찾아가 방파제 위에 방석 깔고 회 한 접시 시켜놓고 되는대로 쐬주까지 걸치고 보니 멀리 수평선에 갈매기 나는 거 하며 뱃고동 소리 들려오니 같은 방 쓰는 녀인, 감격에 겨워 회 한 점 제대로 넘기지 못하더라.

저녁까지 먹고 나니 어스름 해는 지고 잠자리가 문제라. 어리숙한 촌부도 생각은 있어 녀인에게 이르기를 '무릇 관광지라 하는 곳이 우리 사는 곳보다 무엇이든 다 비싸고 자칫하면 바가지 쓰기 십상이니 설악이 여기서 지척이라. 섣불리 갈 것이 아니라 시내서 하룻밤 유하고 아침 일찍 들어가는 것이 어떠하오?'

'내사 일심으로 서방님 뜻 따르기로 작정을 하였으니 뜻대로 하옵소서.' 하여 여기저기 배회하다 빨간 불이 번쩍이는 어느 모텔에 들어가 흥정하기를 매번 처음은 이리 시작하더라.

"평생을 촌에서 낳아 촌에서 농사짓고 사는 충청도 중늙은이덜

난생처음 강원도라 구경 왔으니 헐하게 좀 해주시오!"

깎고 깎아 삼만 원인가 사만 원인가에 흥정을 하고 화장실에 목욕탕까지 달린 방에 같이 들었으니 요강 놓고 사는 촌남촌녀가 어찌 감격치 않으리오. (중략)

날 밝는 대로 일찌감치 나서서 중간에 아침을 먹는데 감격한 녀인, 서방님 밥 뜨기 무섭게 반찬 제때 올려주니 촌부 덩달아 감격에 겨워 눈물까지 글썽터라.

배 두드리면서 어깨 힘 잔뜩 주고 설악으로 들어간다. 한참을 꼬불꼬불 들어가고 보니 여기저기 사진에서 본 스위슨가 하는 나라 풍경인 양 깔끔하게 지어놓은 호텔인가, 모텔인가 입구마다 현수막이 나붙었다.

"저 현수막에 무어라 적혀있오?"

"아마도 강원 도백께서 우리 온다고 환영하는 내용인가 보오."

자못 흐뭇해하면서 가까이 다가가니 상갓집 남은 판돈 한방에 긁을 요량으로 장땡 들고 맞서다가 광땡에 죽을 일이 거기 또 있을 줄이야!

'주중 50% 할인! 최고급 호텔! 하루 이만 원!

2013. 12. 09.

논두렁에서

세상사 공평한 것이 경지정리 일찌감치 끝낸 반듯한 들녘 아홉 마지기 논배미가 수로 바로 옆에 위치하다 보니 요번 그 지독한 가뭄에도 물 대기는 그만이라.

연신 갈라진 논바닥 소방차 들이대고 물 부어 줄 때도 우리 논의 모들은 종아리까지 물에 담근 채 느긋하게 물놀이 즐기던 대가로……

엊그제 내린 비에 양쪽 밭에 떨어진 빗물 왕창 하나뿐인 배수로로 몰리다 보니 논이라곤 우리 논 하나뿐이요, 지대는 당연히 제일 낮고 보니 미처 빠져나가지 못한 그 빗물이 죄다 우리 논에 들어와 모 모가지 꺼정 차오르더니 그거 빠지는데 족히 이틀은 걸렸다.

댐 역할까지 떠맡고 보니 토요일은 배수로 도랑 치다 끝내고……

일요일 아침.

느긋하게 아침 식사 끝내고 예초기 둘러메고 아내 오토바이 뒤에 타고 논으로 나갔다.

옆에 밭, 딸기 걷어내고 좀 한가한 내외.

나는 죽어도 마누라 논일은 안 시킨다는 어깃장에 나는 죽어도 마누라 밭일은 안 시킨다고 맞장구치며 담배 한 대씩 나누어 피고 고랑 따라 수색작전을 벌인다.

모 이을 때도 그러하거니와 피사리할 때도 마찬가지로 나는 황새걸음으로 성큼성큼 이고 아내는 눈 밝히고 볏 풀 하나 그냥 두지 못하고 솎아대다 보니 내 하는 일이라곤 늘 뒤돌아보며 얼른 오라 재촉하는 일뿐이다.

"얼릉 와아~"

"뒤에 빼먹었니더."

"어디?"

"밑에."

"안 뵈는 디."

"이 냥반이 눈 감고 댕기나?"

"그려 잘났어. 내 나이 돼봐!"

"그까짓 두 살 더 먹은 거 가지고 어지간히 행세하네!"

"오뉴월 하루 볕이 어딘디?"

"잘났다!"

"말버릇 하구는……"

"누가 먼저 시작했는데?"

……

시골에서 자란 아내, 끌끌난 말단 공무원이라도 지차라구 하니. 농사일에 시부모 모실 일은 없을 거라는 생각 어찌 없었을까?

안됐다는 생각에 뒤돌아보니 올무채 한 움큼 포대에 넣다 말고 그 마음 다 안다는 듯이 씩 웃는다.

둑에 나와 포대 털고 보면 내겐 피 몇 포기뿐이고 아내가 뱉어낸 포대에선 온갖 잡초들까지 섞여 푸짐하다.

일 자체가 시간 정해 놓고 하는 일이 아니니 시계 가져올 일이 없고, 시장기가 솔솔 도는 게 두어 시쯤 되어 가는 모양이다.

옆집 하우스 안에 애덜 머리통만 한 수박 두어 개 갖고 나와 논둑에 앉아 빼개 먹고 다시 들어가기 전 먹은 거 제각기 반납한다.

아내는 하우스 골에 숨어 앉아서 일 보고, 나는 멀리 고속도로 바라보면서 서서……

피사리란 것도 그렇고 모 잇는 것도 그렇고 일단 나오면 들어가기 싫다.

허리 한 번씩 뒤로 재끼고선 나는 논두렁이나 깎을 요량으로 예초기 시동 걸어 논둑으로 가고 아내는 다시금 고랑 따라 나간다.

경사진 둑에 한껏 키 자랑하던 잡초들 밑동아리 휘둘러 쳐대기 시작한다.

가끔씩 돌멩이 채여 '탱' 소리에 깜짝깜짝 놀라기도 하고 잘린 갈대 조각 눈에 들어가 부르르 눈 감기며 눈물도 흘려가면서 한참을 나가다 시동 끄고 앉은 자리, 풀더미 사이 말뚝 하나 언뜻 눈에 들어온다.

지나온 세월치고는 아직까지 생생한 말뚝 하나.

선친께서 생전에 이 논에 농사지을 적 비료 골고루 주기 위해 표식으로 박아 놓으셨던 그 말뚝이다.

16년 전쯤, 아니 그 이전에 비료 주시다 바가지 옆에 놓고 내처럼 담배 피우고 앉아 계셨을지도 모를 아버지.

공부 잘하면 펜대 잡고 편히 살 수 있다고 말씀하시던 아버지.

그러면서 정작 아홉 마지기 논 내게 남겨 놓으시고 가셨다.

못난 아들은 그 '편히 살 수 있다'라는 길 접어 두고 당신께서 앉아 계셨을 여기 이 자리에서 당신을 그리워하고 있다는 걸 알고 계실까?

"뭐해요? 얼빠진 사람메루"

……

"얼릉하고 고마 가입시더."

"알었어."

예초기 등에 지며 쳐다본 논배미.

허리 꺾은 아내 뒤로 하얀 나비 한 마리가 너풀대며 날아가고 있었다.

아버지……

2001. 07. 02.

'술에 취한 여인의 모습'에 대한 단상

개찰구를 빠져나왔을 때 맨 처음 나를 맞아준 것은 마중 나오겠다던 친구가 아니었다. 한결같이 검은 얼굴, 이마빡에 플래시 달린 안전모 쓰고 지나가는 스모르 작업복 부대들. 자기들끼리 무언가 이야기하다 힐끗 쳐다볼 때 번쩍이는 흰자위가 섬뜩해 보이기까지 하였다.

광장 옆 파출소 앞에서는 취객들 서넛이 언성 높여가며 싸우고 있었다. 안에서 한가로이 신문을 보고 있던 순경이 문 열고 고개

만 빠끔히 내민 채 고함을 질러대자 그제야 느릿한 걸음으로 시장 쪽으로 난 골목으로 물러갔다.

아직은 이른 봄. 바람 한 줄기 휭하니 빗자루 질 하듯 역 광장을 쓸고 지나가자 석탄가루 섞인 먼지 까맣게 일었다. 이런 살풍경에서 벗어나고 싶어 쫓기듯이 대합실로 들어섰을 때, 오가는 사람들 다 제각기 갈 길 찾아가고 텅 빈 구석 바닥에 주저앉아 과자부스러기 안주 삼아 병나발 불어대는 부랑아들과 마주치고 보니 딱히 어느 한구석 맘 편히 눈길조차 줄 수 없는 이 예기치 못한 상황에 망연할 수밖에 없었다.

"남들은 기를 쓰고 가지 않으려 하는 곳을 자원해서 간다고?"

미친 짓이라며 극구 만류하던 선배의 얼굴을 떠올리고 있을 때. 누군가가 어깨를 툭 치는 바람에 화들짝 놀라 쳐다보니 마중 나온 친구였다.

"벌써부터 겁먹었냐?"

행여 놓칠세라 바짝 붙어 쫓아오는 내가 재미있다는 듯 돌아보며 친구가 한마디 건넸다. 이렇게 찾아든 강원도 아주 깊은 산골, 내 나이 갓 스물을 거기서 보냈다.

높은 산으로 둘러싸여 땅보다 하늘이 작아 보이는 동네. 낯설었던 풍경들이 점차 익숙해지면서 나로 모르게 서서히 그 생활에 동화되어 가고 있었지 싶다. 수백 미터 깊이의 막장에서 어둠보다 짙은 색깔의 석탄을 캐내는 사람들이 고단한 삶에서 우려낸 땀을 소주와 바꾸어 마시는 곳. 가끔은 나처럼 철딱서니 없는 인간들도 무리 지어 들어가 술 따라 주는 여인들과 하릴없는 넋두리 늘어놓기도 하는 곳.

적당히 누추하여 외려 맘 편히 술 마시던 단골집이 하나 있었다. 그 집에서 일하는 여인들 하나, 둘 낯이 익어갈 무렵. 여느 때와 마찬가지로 '무리' 속에 끼어 술상 앞에 마주 앉았었다. 맞은편에 온 지 얼마 되지 않은 '콩새'라 부르던 아가씨가 건네주는 술 뚜걱 뚜걱 받아 마시기를 한참,

생각보다 자리는 길어지고 가끔씩 정신이 아뜩해질 정도로 잔뜩 취기가 오를 무렵. 그릇 깨지는 소리와 함께 자지러지는 여인의 비명에 정신이 번쩍 들었다.

"주제에 왜 이렇게 도도하게 굴어?"

무리 중 하나가 고개 숙인 '콩새'를 풀 먹은 강아지 나무라듯 하고 있었고 분위기는 이내 어수선해졌다. '큰언니'라 부르던 고참 아가씨가 짐짓 '콩새'를 닦아 세우다 보니 견디다 못한 그녀가 울면서 밖으로 뛰쳐나가는 것이 눈에 들어왔다.

"술 먹을 데가 여기밖에 없는 줄 알아?"

입에 거품을 문 채 씩씩거리는 취객에게 큰언니의 과장된 사과와 '그만 하구 술덜 들어!' 여기저기 말리는 통에 잠깐의 소동은 금방 가라앉고 다시금 젓가락 두드리며 고래고래 악을 쓰며 노래 부르기를 한참이나 하였다.

마주 앉은 사람들 눈동자가 하나둘 풀어지면서 얼추 분위기가

파장으로 접어드는 와중에 잔뜩 뒤가 마려워 오는 문제를 해결하려 밖으로 나왔었다. 먼저 차지하고 있는 사람 나오기만 기다리다 보니 어디선가 여인네의 흐느끼는 소리가 들렸다.

바로 옆 조그만 창문에서 흘러나오는 소리였다. 호기심에 까치발 뜨고 들여다보니 갓방이라 불렀던 구석방 한구석에서 머리를 무르팍에 묻고 어깨를 들썩이는 모습이 눈에 들어왔다. 금세 그녀가 예의 그 '콩새'란 걸 알았다. 내 시선이 강해서였을까?

여인이 고개를 들어 나를 보더니 손바닥으로 눈물을 훔치며 계면쩍은 듯 소리 없는 웃음을 웃었다. 화장실 문 열리는 소리에 급했던 일을 해결하면서, 웃어 보이던 그 모습이 참으로 아름답다고 생각을 했다.

볼 일을 해결하고 '고향 아줌마'란 노래의 박자에 맞추어진, 젓가락 두드리는 요란한 방 다시 찾아 들어가 자리에 앉았을 때 옆에서 따라 부르던 '콩새'와 눈이 마주쳤다. 노래가 끝이 났던가? 술잔보다 작고 하얀 손이 눈에 먼저 들어왔다. 손끝이 가볍게 스치면서 정전기가 일었던가 보다. 서로 흠칫 놀랐다가 이내 미안한 듯이 잔을 들다 말고 씩 웃던 그 여인의 눈가에 마른 눈물 자국을 바라보면서 따라 웃었다.

술자리의 끝은 보이지를 않았다. 몽롱한 가운데 차츰 물러앉아 벽에 기댔었다. 가끔씩 누군가 깨우는 것을 느꼈지만 몸이 말을 듣지 않았다. 뽀개질 것 같은 두통에 몸을 뒤척이다가 코앞에 누군가가 건네주는 사발 접시가 눈에 들어왔다. 유난히 작은 손. 낯선 천장. 코에 닿을 듯 가까이서 나를 쳐다보고 있는 커다란 눈망울. 그녀였다. 간신히 몸을 일으켜 세우고 벌컥벌컥 한참을 마시고 나서야 그것이 냉수가 아니라 꿀물이란 것을 알았다.

여기가 어디고 내가 왜 여기에 와있는지 끊겨버린 기억을 되살려 보기엔 두통이 너무 심했다. 무언가 말을 하려다 말고 흐트러진 베개를 제자리에 놓아주며 누우라는 듯 가슴을 떠밀었다.

의문도 잠시 또다시 깊은 잠에 빠져들었다. 얼마나 지났을까? 다시 잠에서 깨어났을 때 그녀는 보이지 않았다. 쫓기듯 일어나 그 집을 나올 때는 늦은 봄 오후 햇살만이 눈이 부시도록 길바닥에 쏟아지고 있었다.

다시 그녀를 만난 것은 두어 달쯤 지난 어느날, 시장통 입구에서였다.

어디 가느냐고 묻기 전에, 절에 가는 길이라며 같이 가지 않겠냐고 한다. 끌리듯 따라가면서 지난번 그 일이 생각나 혼자 부끄러워하면서도 혹 그녀가 그 얘길 먼저 꺼내지 않을까 내심 걱정도 되었다.

여름임에도 서늘한 그늘진 계곡 길을 느릿느릿 올라가다 쉬는 자리. 간간이 장난삼아 발밑에 돌멩이 주워 아래로 던져가면서 어색함을 벗어나려 하고 있을 때. 왜 그리 술을 많이 마시느냐고 물었다.

"맴이 아퍼서……."

다시금 그날의 기억이 새로워 부끄러운 생각에 말을 잇지 못하자

그날 둘이 껴안고 실컷 울었던 거 생각이 나느냐고 물었다. 고개를 흔들자 웬 남자가 눈물이 그리 흔하냐고 장난기 어린 눈으로 쳐다보며 미소 짓는다.

화제를 돌리려는 의도로 고향이 어디냐고 묻자 아랫녘 복사골이라 한다. 조그만 내가 마을 앞을 감돌아 흐르고 집집마다 복숭아나무가 많아 그렇게 부르는 모양이라 했다. 복숭아를 많이 먹어서 이렇게 예쁜가보다 했더니 복숭아벌레는 복숭아만 먹고 사는데 예쁜 벌레 봤느냐 한다.

"하긴 그러네!" 환하게 웃는 모습이 참 예뻐 보였다.

고향은 못가더라도 고향으로 생각하고 살면 그게 고향 아니겠나 하면서 소꿉장난하듯이 내를 '도화강'이라 명명하기로 하고 저만치 아래 내려다보이는 유일한 평지, 강변 따라 기다랗게 형성된 이 탄광촌을 우리는 도화동이라 부르자며 깔깔거리고 웃었다.

다시 일어나서 올라가는 길. 길이 좁아지기 시작하고 그녀보다 앞서 느린 걸음으로 오르막 오르면서 아무리 기억을 더듬어도 술잔을 건네받던 그 이후로는 생각이 나지 않았다.

그녀가 법당으로 들어간 사이 다가온 스님에게 어색하게 합장하자 법당에서 나오던 그녀가 신발 신다 말고 스님에게 알은체를 한다.

둘이 어찌 되는 사이냐는 스님의 물음에 그녀는 스님과 나를 번갈아 보며 웃기만 하였다. 천천히 오던 길 내려오면서 때론 손을 잡기도 하고 실없는 농담에 등허리도 맞아가면서 금세 가까워졌다.

서로의 긴장이 풀리자 궁금하면서도 묻지 못한 얘기를 그녀가 술술 풀어내기 시작했다. 집이 가난해서 연년생 언니가 일찌감치 취직해서 큰 회사 경리로 일한다고 했단다. 자신과 남동생의 학비를 대주었다 했다.

어느 겨울방학 때 언니 자취방에 다니러 갔었다 했다. 하루는 언니가 이르기를 집에 친구가 와서 단둘이 할 얘기가 있으니 가서 극장이나 한 프로 보고 오라 하더란다. 극장에 가보니 영화가 너무 재미없어 일찍 나왔다고 했다. 날은 춥고 딱히 갈 곳도 없어 언니의 자취방으로 돌아왔을 때 웬 남자의 신발이 있다고 했다. 무심코 방문을 연 순간 보지 않아야 할 광경을 보았다 했다. 언니가 회사원이 아니라는 것을 비로소 알았다 했다.

그 후 학교를 그만두고 이 길로 접어들었다 했다.

그럴수록 자기는 안 그래야겠다 하고 열심히 살 일이지 왜 그리

했나 물었다.

"바닥이 보고 싶었어!"

……

"인생의 바닥이 어딘지 내려갈 수 있는 데까지 내려가 보고 싶었다고!"

순간적으로 그녀의 얼굴이 나뭇잎 새로 새어드는 햇볕으로 환해졌다가 다시 어두워졌다.

절에 다녀온 후로 한동안 그 집에 갈 기회가 나지 않았다. 왠지 쑥스러워 일부러 피했던 것도 그 이유 중의 하나인지도 모르겠다.

어쩌다 그 집에 가는 날엔 그녀는 꼭 내 옆에 앉았다. 처음 자리가 잘못되어 맞은편이나 혹은 대각선 방향에 앉았다가도 자리가 어수선해진 사이 슬그머니 내 옆으로 오기까지 하였다.

그렇게 여름이 가고 가을이 갔다. 아주 이른 첫눈이 내리던 어느 날. 친구가 이런 날에 낮술이나 한번 마셔보자며 '그 집'으로 나오라 했다. 핑계 김에 '콩새'를 한 번 만날 수 있다는 생각에 흔쾌히 수락했었다.

역 앞을 지나오다 저만치 맞은편에서 오는 그녀가 눈에 들어왔다. 반가운 마음에 알은체를 하려다 흠칫 멈추지 않을 수 없던 것은 웬 낯선 남자의 뒤를 그녀가 좇아오고 있었기 때문이었다.

그냥 그렇게 마주쳐 지나갔다. 돌아보니 커다란 가방을 들고 가는 뒷모습이 왠지 불안하였다. 한 번쯤 뒤돌아볼 듯도 하였건만 긴 머리카락 위에 하나둘 내려앉는 눈송이 받아 이면서 그대로 멀어져 갔다.

그 집에 들어서자 큰언니가 먼저 쪼르르 달려와 내게 와서 묻지도 않은 말을 했다. 손님 중에 그녀의 학교 동창이 그녀를 알아보더라고 했다. 세상은 참 좁기만 하더라면서 둘이서 반갑게 인사를 하고 술도 몇 잔 나누고 헤어졌다 했다. 헤어질 때는 문밖까지 쫓아 나가서 그 친구에게 자기가 여기서 이런 일 한다는 것을 고향 집 알리지 말아 달라고 신신당부를 하더라고 했다.

달포쯤 전의 일이라 했다. 한동안 불안해하던 그녀도 아무 일 없자 적이 안심하는 눈치였다 했다. 그러더니 별안간 오늘 아침 그녀의 삼촌이라는 사람이 들이닥쳤단다. 주인아저씨와 두어 시간 무슨 이야긴가 나누더니 방금 전에 그녀를 데려갔다는 것이다.

마음이 허했다. 조금 한가한 오후였기에 큰언니와 셋이서 술상을 보아 놓고 마셨다. 아무리 마셔도 취할 것 같지 않은 기분.
큰언닌 내가 물고 있던 담배를 빼앗더니 길게 내 뿜었다.
"잘됐지 뭐 그년, 어쨌거나 이 짓거리에서 헤어나는 거 그것도 쉬운 일이 아닌데……"

그 이후 그녀의 소식은 알 수가 없었다. 그 겨울을 어렵게 넘기고 이듬해 봄에 나는 그 탄광촌을 나왔다. 세월은 가고 그녀에 대한 추억도 기억 속에서 점점 멀어져 갔다.
군에 다녀온 후 나는 결혼을 하였고 그해 가을로 접어드는 구월이었다. 아직 늦더위가 만만치 않은 오후, 아내와 같이 시장통 끝, 도로로 나오는 길목을 지날 때였다. 웬 여인의 독한 욕지거리가 길가까지 새어 나왔다.
"에구 내가 못 살어. 이 년아 네가 술을 팔라구 하는 년이지 쳐마실라구 하는 년이여? 젊은 년이 대낮부터 그리 퍼마시구 어디서 행패여 행패가……"
길 가던 사람들 멈춰 서서 구경난 듯이 쳐다보고 있었다. 호기심에 틈새 끼어들어 들여다보았다. 문 앞에 주저앉아 구경꾼들 아랑곳없이 멍하니 허공을 응시하는 초점 흐린 눈동자. 흐트러진 머리칼.
"무어 좋은 구경이라고요. 고마 가입시더!"
잡아끄는 아내의 보챔도 아랑곳하지 않고 낯이 익다는 생각에 고개를 갸우뚱거리며 기억을 더듬어도 쉬 생각이 나지 않는다.

"나의 살던 고향은 꽃피는 산골~ 복.숭.아.꽃 살.구.꽃 아기~ 진~달~래~"

끊길 듯 말 듯 이어지는 그녀의 노래는 주인으로 보이는 여인의 앙칼진 소리에 묻혔다.

"미친 년 이 판국에 노래가 나오냐? 노래가 나오느냐구?"

복사골!

부풀대로 부풀다가 터지는 풍선처럼 기억해 낸, 지나온 세월보다 더 늙어버린 얼굴, 예전처럼 커다란 그 눈망울에 어린 절망.

안톤 슈낙의 '우리를 슬프게 하는 것들' 중에 그 '술에 취한 여인의 모습'이 아직도 나를 슬프게 한다.

2001. 09. 17.

5만 8천 원이거나 6만 원이거나

언어연수 간답시고 일찌감치 휴학계 내놓고 또 일찌감치 필리핀 서너 달 다녀와서는 하는 일이라곤 삼복더위에 종일 제 방에 틀어박혀 무얼 하는지 모르는 작은 아해가 밉기도 하고 한편 안쓰럽기도 해서, 벽에 붙어있는 에어컨 빵빵하게 나오니 더우면 그거 틀고 있으라 했던 것이 지난주 화요일쯤이었다.

'아부지 이거 더운 바람 나오는디……' 고개만 삐쭉 내밀구 하는 말에 '무어 그럴라구. 사서 제대로 한번 틀어도 안 본 것인디.' 하면서 이리저리 리모트컨트롤 가지구 컨트롤해도 당최 컨트롤이 안 되는 것이었다. 에어컨에 관한 한 삼숑하구 맞장 떠서 유일하게 완승한 엔지라 들었기에 이른바 고객센터라는 데를 찾아 전화를 연결하였다.

이래저래 해서 여차저차 됐으니 와서 손을 봐 달라 했더니 목소리만 들어도 아리따울 수밖에 없을 것 같은 녀인이 대단히 겸손하고 예의 바른 목소리로 '너무 심려치 마옵시고 한 사나흘 뒤에 사람을 보내드릴 터이니 그때까지만 참으시오소서!' 하고 송구스럽기 그지없다 한다.

약속은 지켜져 과연 사나흘 후에 젊은 기사가 연장통 들고 찾아와 둘러보지도 아니하고 대뜸 무릎 꿇고 아뢰기를 '어르신네. 에어컨께옵서 찬바람을 내지 못하는 것은 솔레노이드 전자밸브 고장에 연유한 것으로 사료되옵나이다.' 한다.

내 알아듣도록 자시 일러 달라 하니 말인즉 거실의 입형과 아해방의 벽걸이형이 한 실외기를 사용하다 보니 필요할 때 냉매 통로를 열어주고 닫아주고 하는 개폐기 역할을 해주는 부품인데 그것이 제 기능을 못 하여 이런 현상이 나는 것이라 한다.

그래도 뜯어서 확인을 해봐야지 보지도 않고 어찌 아누 하고 일렀더니 자신 있다는 듯 베란다 창을 열고 실외기 뚜껑을 열어 재끼고 회로 시험기를 가지고 여기저기 찍어보더니 틀림없다 한다.

"그래 이걸 어띠키 조치해야 하나" 했더니 에어컨 보증수리 기간이 2년으로 되어 있는바 애석하게도 어르신네 에어컨께옵서는 재작년 겨울에 들어온 것이라 2년이 넘었으므로 일금 5만 8천 원에 유상 수리를 해야 한다면서 송구스럽기 그지없기는 전에 목소리 아리따운 녀인과 같은 심정이라는 것이다.

쯧, 아들 또래의 젊은 기사와 논쟁을 해서 될 일이 아니라는 생각에 그 아리따운 목소리의 젊은 녀인한테 다시 전화를 넣어 '일전 이차저차 해서 방문한 기사 말이 이러쿵저러쿵하여 저러쿵 이러쿵 해야 한다 하는데 정녕 그 말이 맞느냐?' 물으니 애석하기는 전에나 지금이나 한결같사오며 그쪽 기사도 매일반이겠지만 그리하지 않을 도리가 없다 한다. 아무리 어르고 달래도 도무지 한치도 물러날 기세가 아니다. 일단 끊으라 하고 다시 같은 번호로 전화를 넣으니 다른 목소리의 아리따운 아낙이 받아 그간 사정을 되풀이해서 하소연하였으나 돌아오는 대답은 녹음한 것처럼 하나도 다르지 않은 내용이다.

목소리가 고운 데다 하나같이 인정까지 넘쳐나서 애석하다는 말은 빠뜨리지 않고 앞뒤로 꼬박꼬박 넣어야 하는 말이 꼭 상갓집 문상 와서 외상주 위로하듯 하다가 결론은 규칙에 의거 유상수리를 해야 할 줄 아뢴다는 것이다. 은근히 부아가 치밀어 자세를 바로 하고,

'지금부터 내 이를 터이니 귀 씻고 단디 들으라.' 하고 목청을 가다듬고 출가앞둔 딸년에게 훈시하듯 이르기를 이것이 기간으로 따지자면 그쪽 주장대로 두 해 여름이 지난 것은 틀림없는 사실이나 다덜 아는 바와 같이 삼복에나 더러 돌리는 계절 용품인 데다가 아해들이 나가있어 실제 가동한 것은 다섯 시간도 채 되지 않음은 그간 충분히 반복해서 말한 바 있거니와 대저 에어컨이라

하는 것이 리모트컨트롤러 가지고 컨트롤하는 것이 일반적인 사용법임은 주지의 사실이라,

고장 난 부품이 사용자가 쉽게 뜯어보거나 사용상 부주의로 인한 고장을 야기할 수 있는 성질의 것이 아님은 나보다 그대들이 더 잘 알고 있을 터, 그대들이 유상 수리의 근거로 내세우는 그 규칙이 소비자를 위한 규칙인가? 엔지만을 위한 규칙인가?

그 규칙 제정할 적 우리 같은 소비자와 단 한 번이라도 상의한 적이 있는가? 그대들이 그대들 입맛에 맞게 그대들을 위한 규칙을 일방적으로 만들어놓고 유상을 강요하는 것은 엔지다운 처사가 아니다. 내 일전 그대들에게 말했듯이 아파트 층마다 베란다에 걸린 실외기의 8할이 엔지이고 오늘날, 이 엔지가 있기까지 혁신이란 이름아래 3%는 못줄여도 30%는 줄일 수 있다는 정신 가지고 삼숑을 제쳤을 적 우리 소비자들이 기립박수 보낸 것이 어찌 엔지의 번영만을 위해서였더란 말이냐?

그 정신 하나같이 소비자를 위해서가 아니라면 베란다에 걸린 그 팔 할이 이 할이 되는 것은 순식간이다. 내 일찍이 공업입국의 기치 아래 칠십 년대 후반부터 금세기 이르기까지 나의 발전이 나라 발전의 근본임을 깨닫고 일로 매진하여 왔음은 일백오십만 충북 도민 남녀노소가 익히 아는 바이다. 기술력이 부족한 중소기업이라면 기술향상을 위해서 5만8천 원이 아니라 5십8만 원이라도 두 말 아니하고 내겠지만 엔지를 위해서라면 5만 8천 원은

커녕 5천8백 원도 못 내겠다.

내 전후를 미루어 짐작컨대 이는 제작상의 결함에 기인한 것으로 판단되는바, 자동차의 경우와 같이 설령 소비자가 모르고 있다 할지라도 서둘러 사후 수리를 해도 모자랄 판에 고장 났다고 일러줬더니 고맙고 미안하단 말은 아니 하고 유상 수리라니 적반하장에 언어도단도 유분수다. 내 그대와 더 이상 입씨름할 처지도 아니거니와 그대 권한과 책임 밖의 문제라면 내 이야기를 전해주고 내가 납득할 수 있도록 설명할 수 있는 전문지식을 갖고 있거나 권한을 갖고 있는 사람의 연락처를 내게 일러주도록 하라. 내 마땅히 그와 따지리라!

그 녀인 마지못해 프리미엄파튼지 뭔지 금방 알아듣기 어려운 부서이름을 대고 그쪽 책임자로 하여금 조만간 전화하겠다며 울먹이는데 울먹이는 소리까지 그리 고울 수가 없더라! 짐짓 다독이면서 '조만간이라 하면 아침과 저녁 사이이고 지금이 한낮이니 오늘 해 질 녘까지 내게 전화하도록 하겠다는 말이냐?' 물었더니 이삼일 정도 시간이 걸린다며 또 울먹인다. 쯧 이삼일이라 하면 날짜이니 시일이라 해야 맞고 두세 시간이면 시간이 맞는 말이다. 따라서 위 경우에는 시일이 걸린다고 해야 맞는 말이니 앞으로 이와 같은 부분까지 신경 써야 할 것이라 타이르고 전화를 끊었다.

곁에서 벌쭘하게 서 있는 젊은 기사에게 더운 날씨 헛걸음하게 해서 안 됐으나 내 이 나이 되도록 이 땅에 살아오면서 내 상식에

반하는 일에 마음까지 따라 한 적이 없으니 이해하라 타이르고 주스 한 잔 대접해 보냈다.

이삼일 지난 어느 날 오후 사무실에 무료히 앉아있는데 문득 전화 한 통 날아온다.

'어르신께옵서 일전에 에어컨 때문에 걱정하신 적 있으시지요?' 하면서 들려오는 목소리가 또한 목소리 아리따운 여인이다.

'아, 그거 기술적인 문제 가지고 얘기를 해야 하기 때문에 남자분하고 통화를 해야 할 것 같은디유.' 했더니, 이차저차여차저차 결론인즉 자기가 책임자인데 직원들로부터 전후 내막을 들어본즉 규정에도 불구하고 무상으로 조치해 드려야 마땅함에도 불구하고 기사도 그렇고 고객센터 직원들이 업무가 미숙한 관계로 그리하지를 못해 어르신께 심려를 끼쳐 드리게 된 데 대하여 대단히 유감스럽게 생각하며 다시는 이런 불미 불경스런 불상사가 재발되지 않도록 관계직원들에 대한 교육을 철저히 하여 재발 방지에 적극적으로 노력하겠으니 혜량해 주시기를 앙망한다며 정중에 정중을 더해 거듭거듭 사죄드린다고 한다.

정녕 그리하겠다고 하니 내 따로 이를 말이 없겠다 하려다가 상대가 목소리 아리따운 여인인지라 짐짓 누그러진 듯한 음성으로 한마디 이르겠다 하고는 먼저 기사가 부품을 점검도 아니 하고 고장 부위를 쉽게 예측해냈다는 것은 그런 고장 사례가 빈번히 발생하기 때문이 아니겠는가?

기술부서에 이와 관련한 고장통계가 나와 있는지 다시 알아보고 그 부품에서 고장이 빈발한 것이라 확인되면 나와 같은 불편을 겪는 소비자들이 없도록 사전에 리콜을 하는 것이 소비자와 엔지를 위해 다 같이 좋을 듯하니 허투루 듣지 말 것이며, 만에 하나 이 촌부처럼 볼멘소리 하는 사람들만 가려서 마지못해 무상으로 조치하는 안일한 자세로 임하다가는 김연아의 춤바람과 더불어 삼숑에게 역전되기는 손바닥 뒤집기보다 결코 어렵고 시간 걸리는 일이 아닐 것이라 엄포 섞어 엄하게 일렀더니 여인 하는 말이 '어찌 이를 말씀이오이까? 각별히 명심하여 한 치도 어긋남 없도록 조치하겠사옵니다.' 하면서도 목소리가 어찌나 곱다 못해 서럽기까지 한지 혼자 탄하여 가로되 '과연 엔지로다! 어찌 모든 여인들의 음성이 하나같이 사내 애간장을 녹이려 한단 말이냐?'

다시 이삼일 뒤 전에 왔던 젊은 기사와 외모가 흡사한 또 다른 젊은 기사가 예의 그 솔레노이드 전자밸브를 가져와서 교환하고 시운전하니 찬바람이 씽씽 나온다. 전에 방문했던 기사가 업무가 미숙하여 심려를 끼쳐드렸음을 재삼재사 사과드린다며 현관문을 나설 적까지 뒤를 보이지 않고 정중히 물러나는 것이었다.

이 모든 일이 작은 아해가 보고 듣는 데서 이루어진 일이라 늙은 아비 다윗이 엔지 골리앗과 상식으로 맞서 거금 5만8천 원의 지출을 막아냈다는 사실이 마냥 자랑스러워 어깨까지 들썩이며 즐거운 마음으로 두어 시간 보냈다. 오래지 않아 산업전선에 나갔다 돌아온 안해가 얼굴이 파랗게 질린 채 들어오자마자 거실 바닥에 철퍼덕 주저앉으면서 '이 일을 어찌할꼬. 내 큰일을 저질렀으니 이 일을 어찌할꼬!' 하면서 탄식한다.

작은 아해가 놀라 냉수를 가져오고 제 어미를 부축하여 일으켜 세우면서 '어마마마 무슨 일이 있사옵니까?' 눈을 크게 뜨고 여쭈니 가까스로 제정신으로 돌아온 듯 주위를 한 번 살피더니 이마에 손을 얹으면서 도로 주저앉아 통곡하며 이르기를 "퇴근길 아파트먼트로 접어드는 신호등에서 정차하여 대기하다 맞은편에서 오는 차가 없길래 적색등에 좌회전했더니 어디선가 시커먼 경찰이 튀어나와 신호 위반을 따지면서 범칙금 고지서를 발부하려 하기에, 그냥 한번 봐 달라 사정도 하고 눈감아 달라고 부탁도 하였으나 막무가내 기어코 스티커 발부해서 가져왔다" 하면서 던지듯 내놓는데 아해가 냉큼 주워 들여다보더니 일금 6만 원짜리란다.
작은 아해 탄식하여 가로되
"이 삼복에 아바마마께옵서는 노구를 이끌고 몇몇일 골리앗과 씨름하시어 5만8천 가까스로 막아냈는데 어마마마께옵서는 어찌 이리 쉽게 6만 원을 내 주셨사옵니까?"

2010. 07. 19.

거기 그 길목에서

모처럼 맞은 휴일 오후

마땅히 갈 데도 없고 보니 싸운 사람처럼 서로 얼굴만 쳐다보고 있다가 뒷산에나 갈까 하는 생각을 아내도 하였던 모양이다. 말을 건네기가 무섭게 먼저 주섬주섬 조끼를 꺼내 입고 앞장을 선다.

광단말 가로질러 내안 가기 전, 야트막한 고갯마루 거의 올라서서 오른쪽 고추밭 모퉁이에 숨은 듯이 나 있는 오솔길 따라가는 길이 응봉산이라 불리는 동네 뒷산 등산로가 시작되는 곳이다.

용케도 곧게 자란 조선소나무들이 비듬 털어 내듯 깔아놓은 연고동 솔잎을 밟으며 걸음을 옮길 적마다 사각거리는 소리가 뒤따르는 아내의 가쁜 숨소리보다 크다.

바닥 내려다보고 걷다 하늘을 보고, 또 바닥을 보고 걷기를 계속하다가 가끔씩 뒤돌아보고 눈이라도 맞으면 씩 웃어가며 아내를 앞세우기도 한다.

바닥이 푹신해지면서 서걱서걱으로 소리가 바뀌고 둘러보면 아름드리 참나무가 하늘을 가리키는 곳, 정상을 얼마 남겨놓지 않고 형성된 참나무 숲이다.

만만치 않은 급한 오르막, 등허리가 뜨듯해지도록 땀 흘려 간신히 올라선 오르막 코빼기.

어인 일로 하늘이 환해지고 팔뚝만 한 아카시아 나무들 고슴도치 등짝에처럼 박혀있다.

잠시 숨 고르며 평평한 그 길을 천천히 걷다가 그 자리가 아닌 듯 놓여있는 바위에 걸터앉았다.

부스스……

계곡을 타고 몰래 비집고 올라오던 바람이

참나무 잎새에 들켜 성긴 아카시아 훑치며 성급히 달아나고 덩달아 놀란 산비둘기 푸드덕 자리 뜨는 바람에 정작으로 놀란 삭정이 도막 하나, '투득' 하고 떨어진다.

지난여름 잎새들에 가려 보이지 않던 웃말, 아랫말, 광단말, 저 멀리 미호천 가로질러 시내까지 한눈에 들어오고, 도망갔던 바람이 되돌아오는 양, 개 짖는 소리가 바람 타고 올라온다.

발그레해진 아내의 얼굴을 바라보며 한 삼 년 젊어 보인다고 농을 걸어본다.

배시시 웃다가 엉덩이 털며 일어나는 것은 등허리가 시려 오기 때문일 것이다.

길게 숨 한 번씩 들이쉬고 반대편 능선 따라 내려오기를 한참. 길옆 소나무 네 그루 동그라니 서 있고 앞이 트인 등성, 선친께서 거기 잠들어 계신다.

영주 신혼시절,

새아기 한번 보고 싶다시며 엄니와 같이 댕기러 오셨다가 열네

평 부엌 겸 거실, 그 점심상에서 아버지는 반 공기도 채 드시지 못하고 '노루모'를 찾으셨고 혹시나 해서 병원으로 모시고 갔을 때 병마는 오래전부터 당신도 모르는 사이 뿌리를 내리고 있었던 듯 의사는 고개를 돌렸다.

맏이 들쳐 없고 황황히 이삿짐 꾸려 고향으로 오던 그해.

여름 매미가 유난히도 울어 젖히고 오지 않을 것 같던 가을까지 채 석 달을 채우지 못하시고 당신이 모셨던 당신의 아버지, 할아버지 산소 옆에 터를 잡으신 것이다.

그날 이후 사랑방에 모셨던 지청, 가을비 내리는 밤이나 어두운 겨울 아침이나 아내는 기특하게도 한 번도 거르지 않고 석 달 열흘 조석으로 상식을 올려 드렸다.

서캐 잡아 드리듯 봉분에 달라붙은 떼 풀 댓 포기씩 뽑아내면서 산이 좋아서 눌러 계신 것이 아닐진대 사람 사는 세상 얼마나 그리우실까?

여름이야 기다리지 않아도 오겠지만 더러는 낮에라도 한 번씩 다녀가야겠다. 다짐을 표석 앞에 남겨놓고 '가자' 소리는 언제나 내가 먼저 한다. 삼선골을 겨누고 내려오다가 계곡 도랑에 졸랑졸랑 봄물 내리는 소리에 흘낏 오던 길 뒤돌아보면서 살아 계실 적 성묘 마치고 돌아오던 이 길목에서 자꾸 되돌아보시던 아버지,

할아버지 산소가 모습을 감추기 시작하는 곳.

나는 비로소 그 마음을 헤아릴 듯하다.

2001. 02. 14.

강원 기행

자! 떠나자 동해바다로!

집을 나서는 것이 집이 싫어서가 아니지.

잠시 마음이 들떴어.

오랜만에 모인 가족들과 먹을거리 챙겨 싣고 동쪽으로 가는 길.

문막휴게소에서 큰아이가 운전을 교대해줬어.

덕분에 조수석에 앉아 가는 편안함을 누려가며 그대로 쭈욱 달려 이제는 이름을 기억할 수 있는 현암나들목.

고속도로의 끝을 나와서 비로소 시장기가 돌더군.

어머니께서 사주신 문막휴게소 감자 때문에 때를 놓쳤던 거지.

"2차선으로 가다 국수집 눈에 띄거든 들어가자"

큰아이에게 이르고 시장기 몰려오는 만큼 좌우를 살피건만

필요할 때 눈에 띄지 않는 목록에 국수집도 포함되었던 모양이야.

한참을 지나서 정말 허기질 때 하조대 막국수 간판이 들어왔어.

얼마나 반갑던지 놓칠세라 눈을 크게 뜨고 살펴오는데 중간중간 서너 개의 친절한 간판 덕에 찾아든 국수집은 때가 지나선지 많이 한산했어.

적당히 지저분한 옷차림의 사십 대 주방장이 눈에 들어오더군.

오늘 제대로 된 국수 맛보든지 아니면 망치든지 둘 중의 하나렷다. 그러면서도 조짐은 좋은 쪽으로 오는 것을 느꼈어.

쫀득하면서도 까칠한 면발에 혓바닥 양쪽으로 스며드는 국물맛. 인공조미료가 들어가지 않은 깊은 맛이란 평에 가족들 하나같이 고개 끄덕이고 흡족한 표정으로 배 두드리며 나서 자판기 커피 빼면서 자못 흐뭇해했다네.

시작이 이리 좋으니 이번 나들이는 절반의 성공으로 시작이다.

오른쪽으로 펼쳐진 검푸른 바다 바라보며 한참을 가서야 우리가 묵을 숙소가 눈에 들어오더군.

3층에 올라가 짐을 풀고 밖을 바라보니 안마당인 양 동해 검푸른 바다가 베란다 밑에까지 와있고 머지않은 물치항 전경이 한눈에 들어오는 곳.

밤늦게까지 저 바다 바라보며 소주병 자빠뜨릴 생각 하며 오늘 또 한 번 호강 좀 하게 생겼다.

가만 생각하니 간밤에 잠을 설쳤어.

무너지듯 눈 붙였다 깬 시간이 네 시였지.

낙산사 들러 대포항으로 가자.

주섬주섬 옷가지 챙겨 들고 다시 오던 쪽으로 잠시 내려가 들른 곳. '길에서 길을 묻다'라는 돌 위에 새긴 글 여전히 그 자리에 있고 몇 개의 계단 가파르지 않은 오르막 팔순 노모께서 숨차하시네 아이들 앞서 보내고 모자간 계단 위에 잠시 앉았네.

이번 구경 제대로 잘 왔다. 앞으로 살아생전 언제 다시 오겠나

이게 마지막이지…….

혼잣말씀 하시는 어머니. 아들은 못 들은 척 고개 돌리며 언젠가는 우리 모자 이별할 날이 오겠지만 그렇다고 이번이 마지막이 되지는 않게 해드려야지 스스로 다짐해보네.

바람이 많이 찼어.

어둠이 내리는 낙산사를 뒤로하고 대포항으로 가는 길은 잠시지. 가깝거든.

여전히 주차장은 만원이고 그 짧고 조그만 공간 마주 오는 사람들과 어깨 비벼가며 백열전구 환한 불빛 속에 왼쪽으로 늘어선 식당과 오른쪽 줄줄이 좌판 위에 올라앉은 갖은 해물들이 열병식 하듯 도열해 있는 곳.

우리들의 만찬을 위해 명을 다할 생선을 점지해야 하는 자리는 송곳 꽂을 자리 하나 없을 만큼 비좁아 제 몸 가누기조차 힘들어 비비적거리다 문득 좌판 위에 생선들과 눈이 마주치고 나니 갑자기 부끄러운 생각이 드는 거야.

그 너른 바다에서 마음껏 '찬물을 호흡하다 어떤 어진 어부의 그물에 걸리어' 예까지 왔고 이를 운명으로 받아들인 고로 요강만 한 좌판 고무다라이에 몸을 맡기고 의연하게 때를 기다리는데 나보다 여러모로 처지가 나은 그대 인간들 왜 이리 경거망동들이신가?

파는 사람과 사는 사람의 합의하에 몇 마리가 도마 위에 올랐어.

그 사이 사람들끼리 오가는 얘기가 있었네. 오징어가 열 마리에

만원. 그중 세 마리 덤으로 우리 '봉다리' 속에 얹히고 아주 흡족한 표정으로 숙소로 돌아왔다네.

회는 왜 바닷가에서 먹어야 맛이 있는지 설명하기가 딱히 그런데 부엉이는 산에서 울어야 하듯, 회는 바닷가에서 먹어야 하지 않겠나 하는 정리되지 않은 생각을 문득 했어.

맛있는 순서대로 가격이 정해져 있었고 젓가락이 생선 맛을 먼저 알아버렸네.

'시원'이라 이름 붙은 일백오십만 충북인의 소주 네 병 중 두 병을 자빠뜨려 가면서 혀에 감치면서 달라붙듯 하다 이내 녹아 뱃속으로 스며드는데 못 미더운 소주가 길을 내가면서 열심히, 열심히 배를 불리기 작업은 매운탕이 나오면서 절정에 달했지.

요맘때만큼은 꼭 한번 내가 장가를 잘 갔다는 그런 생각을 하지 아내의 매운탕 우려내는 재주만큼은 천하제일이라 해도 결코 지나 지치 않거든. 같은 혀가 저지르는 일일지라도 말은 거짓이 있을지 모르되 맛은 거짓이 없지 않은가?

아주 기쁜 마음으로 설거지를 했고 일전 주례서 준 집에서 보내준 멜론이 제대로 익어 후식으로 선정되었지. 작은아들 어학연수 계획에 대한 브리핑을 들었으나, 난 무슨 얘긴지 못 알아듣겠으니 두 번 세 번 거듭거듭 생각하고 챙기고 해서 그르침이 없도록 하라 이르고 자리에 누웠네.

역시나 검푸른 바다

여기저기 환하게 불 밝힌 오징어 배가 눈에 들어오고 바로 밑 짧은 해변에 다가와 하얗게 부서지는 포말들…….

취기 때문이 아니야. 바다에 누운 듯 출렁이는 잠자리.

밤새워 일하는 어부들을 생각했지. 다 되어 가는 33년. 내가 몸 담은 일터. 8할을 난 맞교대로 일해 왔지 않나.

그들만이 아니니, 우리만이 알지.

힘에 부쳐 헐떡이며 기다리는 그 새벽이 얼마나 먼지.

그렇게 기다리던 새벽이 오면 우리와 하나도 다를 것 없는 교대자들이 나오고 샤워를 하고 옷을 갈아입고 일터를 빠져나와 마시던 아침술은 얼마나 속이 찌릿하며, 집에 와 누운 자리 잠자고 일어난 대낮은 얼마나 낯설고 생경한지.

다시금 그 긴 밤불 밝히고 새벽을 기다리는 일을 반복해야 하는 것이 얼마나 몸서리쳐질 만큼 진절머리나는지를…….

잠을 설쳤어. 자다 깨고 깨다 자고 하는 사이 어부들은 밤을 새웠고 날이 새자 불을 끄고 철수하더군.

그들도 어디선가 그 속이 찌릿한 아침술 마실까?

바다 위에서 해가 솟는 신기함!

게으른 겨울 해 덕분에 일출 구경하고 아내와 같이 해변으로 산책을 나갔네.

고운 모래와 둥근 돌이 적당히 제자리 앉아 파도를 맞이하는 곳.

찬바람 맞아가며 걸어가다 아내가 제법 큰 돌 하나를 집어 들더니 기념으로 가져가겠다며 주머니에 쑤셔 넣는 거야.

그 돌 바라보며 넌 참 멀리도 시집가게 생겼구나 하다 보니 아내도 참 멀리 시집온 여자 아니던가? 동병상련의 인연이려니 했지.

아침은 어제 남은 매운탕에 물 부어 간 맞춰 다시 먹고 설악으로 들어갔네.

설악으로 가는 길

들어가는 길 양쪽 모텔 여전히 그 자리 지키고 침대방 3만 원. 아주 오래전 설악을 찾을 때 봤던 그 플래카드 또한 여전하데 그려.

입구에 주차료는 그렇다 치고 안에 신흥사 있다는 생각을 잠시 잊었어.

내 이곳을 찾은 이유는 팔순 노모 높이 모셔 아래를 내려다보시게끔 해드리려는 이유 말고 없는데 길목 지키고 있다가 나그네 봇짐 터는 산적처럼 문화재 관람 운운하며 돈 내놓으라 으름장 놓는 매표소 떡하니 입구에 도사리고 있더군.

어디 예 뿐이던가?

전국 곳곳에 이런 산적 아닌 산적들이 창궐하다 보니 볼멘 중생들 원성이 법당 안까지 들릴 듯도 하건만 고급승용차에 몸 기대고 먼지 피우며 오가는 승려들 하나같이 중생들보다 기름진 얼굴에 비만 걱정 아니 하고 사시는지 그리고 혹시 잊고 계신 건 아닌지 부처님께서도 살아생전 동이 터오면 제자들과 더불어 탁발 나가셔서 밥 빌어 자셨다는 사실을…….

넘어가기로 했네. 아니 깨달음이 있었지.

언제 우리가 승려들 덕에 살았나? 승려들이 우리 덕에 살았지 하는…….

케이블카 요금이 만만치 않았는데 퇴행성관절염에 낙산사 낮은 비탈길도 숨 가쁘게 오르시는 팔순 노모를 그 높은 곳으로 가뿐하게 올려 모셔 놓으니 얼마나 감사하고 고마운 지 곱절이라 하더라도 아깝지 않을 것 같더군.

전망대에 계신 어머니께 말씀드리고 아들들과 더불어 계단 길 잘 단장해 놓은 길 따라 좀 더 위로 올랐네.

정작 절경은 그곳에 있었는데 다리 성한 사람들만 이곳에 이르러 탄성을 자아내며 사진 찍기 바쁘고 노세노세 젊어서 놀아 늙어지면 못노나니. 노는 것이나 보는 것이나 젊어서 해야 할 것. 아니하지 말고 살고지고.

다시 내려와 내려가는 케이블카 순서를 기다리는 사이 어머니께서는 또 매점에서 호떡을 사갖고 자손들 먹이시는데 생각보다 엄청 맛이 있었는데 그게 호떡만의 맛이 그랬는지 마침 일행 중 대부분이었던 중국 사람들 쏼라거리는 소리로 인해 '호떡집의 불' 생각과 미각과 청각이 기막힌 조화를 이루어 잠시 맛이 우러난 건지 지금도 알 길이 없네.

강릉 쪽으로 내려오다 휴휴암이란 조그만 절이 하나 있었던 거 기억하시는지. 물고기들이 대거 몰려든다는 바닷가 정말 손바닥만 한 해변이 있고 아기자기 오밀조밀 절 하나 다소곳이 앉아있듯 자리한 곳. 거기 들렀다네.

물고기들은 다시 모여들지 않는 듯. 아들들한테 한껏 자랑했는데 썰렁하니 고기 몇 마리 오가는 것밖엔 눈에 띄지 않으니 거짓말이거나 허풍이라는 누명을 쓸 도리밖에 없는데 옆에 서 있던 아내가 요즘엔 물고기 안 몰려오느냐고 보살님한테 물었던 게야.

"봄이 오면 다시 돌아온답니다."

아주 고맙게도 이 한마디가 모든 진실을 밝혀주었지

가자!

꼭 집이 그리운 건만은 아닌데 돌아가는 길은 왠지 서둘러지는 게 나만 그런 건지, 액셀러레이터에 힘을 주어 내려오는 길.

그래.

언젠가 이웃으로부터 고등어 한 손을 얻어먹은 적이 있었어.

주문진 어딘가에 가면 노르웨이산 고등어를 파는 곳이 있다는 거야.

난 원래 고등어는 좋아하지 않는데 그때 그 노르웨이산은 정말 맛이 있었어.

수소문 끝에 찾아가 고등어 네 손을 샀어.

"좀 더 넉넉히 사지"

내 하는 말에

“오래 두고 먹지도 못하는 건데…….”

하면서 돌아오는데 여기저기 줄 곳을 셈했던지 아내가 걸음을 멈추더군.

“좀 더 사야겠어.”

큰아이와 아내는 되돌아가고 작은아이와 나는 가던 길 가고 한참 기다린 끝에 우린 다시 집으로 향하는 길을 갔지.

적어도 어느 두 집은 생각지도 않은 고등어 선물 받고 흐뭇해하겠지 생각이 여기까지 미치다 쫏, 물 건너간 무주상 보시를 생각했어.

횡성 가는 길에 횡성 나들목은 없어

새말 나들목으로 나와 우회전해서 300미터 남짓 가다 왼쪽에 커다란 휴게소가 하나 보여. 그곳 1층에서 고기를 사갖고 2층으로 올라가면 1인당 정해놓은 가격으로 구워 먹을 수 있게 준비가 되어있어.

난 강원도에 와서도 소주는 충북소주를 마셔.

가족들 먼저 가서 고기 사라 이르고 난 뒷좌석에 앉아 비운 물병에 불법 주조하듯 충북 소주를 부어 채워 나왔어.

이 시대, 내가 호강하며 산다는 확실한 믿음과 이에 감사한 이유가 몇 가지 있지. 내 손으로 내 갈 수 있는 곳을 아무 때나 아무 곳이나 갈 수 있는 자동차를 갖고 있다는 것 또는 조선은 물론이고

로마나 영국의 왕들조차 누리지 못한 컴퓨터 가지고 인터넷을 즐기거나 누리고 있다는 것 등등.

여기에 하나 덧붙이자면 보리밥에 열무김치 얹어 넣고 고추장에 비벼 먹으면서도 배고픔을 면하던 시대에 언감생심 꿈도 못 꾸던 쇠고기를 사 먹을 수 있다는 것도 그중의 하나지.

내가 이럴진대 팔순 노모께옵선 어떠하실까?

제일 비싸다는 안심으로 사갖고 올라가 자리했어.

앞으로 종종 있을 기회이니 새겨들어라.

아들들한테 이르고 강의하듯 시범을 보였지.

불 위에 고기를 얹고 좀 기다리다 보면 고기가 땀을 흘린다.

때를 놓치지 말고 딱 한 번 뒤집어라.

때를 놓치면 1등급이 금세 3등급 된다.

색깔이 변할 즈음 챙겨 먹어라.

쇠고기의 맛은 육질과 더불어 때가 중요하니 이 두 가지를 모두 챙기는 자만이 참다운 쇠고기의 맛을 알리라!

도둑질하듯 몰래 컵에 따라 부은 충북소주. 팔순 노모와 나누어 마시면서 배불리 먹고 나선 시간이 오후 네 시.

가는 길 잠시 지나가는 자막이 눈에 들어오는데 문막과 강현 사이에 정체가 된다는 얘기였어.

집으로 가는 문을 막는다고 해서 문막이렷다. 혼자 자신에게 농한 마디 던지고 혹시나 했던 것은 어김없이 역시나지.

꽁무니 물고 길게 늘어선 자동차 행렬 그래도 서지 않고 어기적 어기적 걸음으로 가는 것이 다행이다.

이번 여행의 절반은 아주 고맙게도 큰아이가 핸들을 잡아주었어.

조수석에 앉아 앞서거니 뒤서거니 집 찾아가는 무리들 지켜보면서 생각느니 내 마음속에 집 몇 채가 있지. 아니 그림이라면 그림이고.

속리산 너와집 이른 아침의 원형극장.

밤새 불 피워가며 노래하던 사람들 새벽이 오기 전 부랴부랴 도망가듯 사라진 뒤 원 없이 타고나서 사그라든 모닥불. 미처 도망가지 못하고 붙잡힌 모양새로 가는 연기 피어오르는 아침. 그 고요함.

새 사위 적.

창호지 하얗게 밝아오는 아침이면 솥뚜껑 열리는 소리와 함께 여물 뒤적이면서 안동 아버지께선 쇠죽을 끓이셨어.

콩 볶듯 장작불 타는 소리가 들려오면 나는 제대하던 해,

선친과 함께 뒷산 두어 뙈기 콩밭 매다가 둑에 앉아 전에 다니던 직장으로의 복직을 걱정하고 있었을 때 문득 불어오는 바람처럼 그 등허리의 뜨뜻함이 나로 하여금 모든 것을 잊고 몽롱하니 꿈나라로 데려가곤 했었지. 그 안온함.

이제 나는 또다시 집 한 채 아니 그림 한 장 얻어간다네.

동해바다 그 너른 곳에서 나와 도마 위에 얹혀 난도질당한 생선

몇 마리의 헌신과 충북소주의 정성으로 바닷가 3층 아니, 바다 위에 올라앉아 같이 출렁이며 내 쉰두 해의 삶과 나를 바라보고 사시는 여든하나 되신 어머니의 삶과 내 아내와 나의 미래인 내 두 아들의 삶이 바닷가 쉼 없이 밀려와서 욕심 없고 미련 없이 하얗게 부서지는 파도와 크게 다르지 않다는, 그리하여 그렇게 쉼 없이 밀려와서 씻고 씻기기를 끊임없이 되풀이하여 둥그렇고 아름답게 다듬어진 돌멩이로 가꾸어져 내 아내가 주워 담은 그것처럼 그 아름다움을 사랑하는 누군가의 손에 의해 아주 멀리멀리 다른 곳으로 이동하여 아주 귀하게 쓰임 받는 역사를 이루어 나간다는 그 깨달음 말이지.

2009. 11. 23.

무창포 - 이틀간의 기록

날씨도 개과천선하면 이리될까?

엄동설한의 그 무정함과 쌀쌀함은 어디다 버렸는지 안개로 장막 드리워 분위기 잡고 봄비 같은 겨울비 촉촉이 내리는 지난 수요일.

이웃에 사시는 큰누님 내외분과 우리 다섯 식구.

한 차에 촘촘히 올라앉아 서해안 무창포 가는 길

오창에서 올라가 대전에서 호남으로 호남에서 당진으로 당진에서 서해로 고속도로 돌고 돌아 가까스로 이정표 보고 빠져나와 목적지에 도착해서 짐 풀어 내린다.

안개 잔뜩 낀 바닷가 숨쉬기 운동 크게 한 번 하고 내비게이션 없으면 경칠 뻔했고나?

바로 앞이 출렁이는 서해 바다인데 그냥 안개뿐.

두어 시간 쉬었다가 회 뜨러 가자!

절절 끓는 방바닥에 등뼈 눕히고 잠시 눈 붙인 덕에 엊저녁 야근의 피로가 그대로 녹아내렸다.

비 오는 날 공치는 날.

가게 문 닫았으면 큰일이다.

부랴부랴 찾아간 대천 어항.

생기 있게 퍼덕이는 건 생선이나 사람이나 마찬가지.

팔뚝만 한 농어 한 마리에 빨래판만 한 광어 한 마리 점지하듯 찍어내자 고무장갑 낀 손이 날름 집어내 도마 위에 올린다. 느그덜 오늘 임자 지대루 만났다.

내 오늘 너희 육신을 거둠으로 해서 짜고 찬 물 속에서 갑갑한 생을 마감하고 새로운 세상.

밝은 삶을 펼치노니 이제 고마 물속과 작별하거라!

왜 같은 물고기의 주검인데도 불구하고 바닷가에서의 그것과 뭍에서의 그것이 인간의 혓바닥에 달라붙은 정도가 이리 다른지 초장에 버무려 입에 넣고 소주잔 목구녕에 털어 넣어가며 살아있는 사람들끼리 죽은 물고기 이야기로 한참을 보냈다.

이제는 자유 시간.

경로당에서 한판에 140원을 떼인 할머니와 친구들과 바닷가에서 6만 원을 잃은 손자의 고스톱판.

각각 사위와 어머니의 개인 교습으로 자정을 넘기고 일어난 아침.

저녁에 먹다 남은 매운탕에 더운밥 말아먹으며 간밤의 열공으로 아들은 팔에 알이 배었다고 했다.

다시 대천 찍어 멸치에다 쥐포 챙겨 넣고 집으로 가는 길.

거짓말 같이 걷힌 안개에다 다시 차가워진 바람.

유성에다 청주에다 아들 하나씩 떨궈놓고 동행에 대한 감사의 말씀으로 마무리하면서 누님 내외마저 이웃 아파트먼트에서 작별하고 15층 내 집으로 들어섰다. 소풍은 이렇게 끝났다.

보초 서듯 각자의 위치에서 안 그런 척 또 주어진 날들을 살아내야지. 어머니는 이제 고스톱판에서 십 원짜리 동전 한 개 쉬 잃지는 않을 것이고 아들은 본전을 셈하며 내년 여름을 벼르는지도 모르겠으나 이마빡에 파랗게 충전된 안해. 다음 주까지는 부드럽지 않겠나.

아침 찬바람에 밀려오던 무창포 해변의 파도처럼 밀려드는 잠.

그려, 만사 제쳐두고 죽는 연습부터 해야겠다.

아함!

2010. 01. 22.

그 겨울의 태백 이야기

태백에 다녀왔어. 눈꽃축제가 그곳에서 열린다 했고 거기 가는 관광열차가 마침 청주역을 거쳐 간다기에 바람이나 쐬자고 동네 친구들에게 광고했더니 선뜻 나서는 사람들 부부동반 도합 여덟 명. 대전에서 오는 열차는 일곱 시 오십 분에 플랫폼에 들어서더군. 오래가야 하는 길. 지정된 자리 짐 풀고 제각기 자리 잡고 앉았어. 여행사에서 채용한 이른바 "알바" 가이드들이 이 칸, 저 칸 열심히 다니면서 도시락 나누어 주고 일정 설명해주고 "아버님" 하고 부르는 소리도 이제 귀에 익숙한 나이 되어 오랜 친구들과 오랜 시간 마주 보며 소주잔 기울이는 것도 차내 난방만큼이나 훈훈했어.

그렇게 편하게 한참을 가다 보니 차창 밖으로 하늘이 보이지 않아. 대뜸 '태백선으로 접어드는구나!' 했지. 아주 오래전 스무 몇 살, 젊은 철도원 하나가 황지역에 근무했었어. 증산, 사북, 고한, 추전, 아직도 기억하는 초등학교 동창생 이름 같은 태백선 역들을 지나 태백역으로 이름을 바꾸어 달은 황지역에 열차는 멈추었어.

대략 열한 시 반쯤 되었나 보네. 꾸역꾸역 내려와 플랫폼을 메우는 사람들. 그때도 그랬었지. 저녁 여섯 시쯤 제천에서 달려온 완

행열차가 여기에 멈춰 섰어. 승객들이 줄지어 내리고 개찰구를 향해 열 지어 갈 즈음이면 역 구내 스피커에서 애국가가 울리고 모든 사람들이 걸음을 멈추고 내려오는 태극기를 향해 가슴에 손을 얹고 애국가가 끝나기를, 태극기가 마저 내려오기를 기다렸었지.

당시 하얀 칼라의 여학생 뒷모습은 보이지 않고 울긋불긋 등산복 차림의 승객들이 플랫폼에 가득 내리고 역 앞에 대기하고 있는 버스를 향해 밀리다시피 앞으로 나가면서 내가 몸담았던 사무실을 찾았건만 있어야 할 사무실은 간데없고 철재 안테나 탑만 표식인 양 그 자리에 우뚝 서 있네. 허망한 마음에 사방을 둘러봤어. 무료급식을 기다리는 노숙객처럼 역 맞은편 저탄장 앞으로 줄지어 섰던 화차들도 보이지 않고 저탄장도 아예 모습을 감추었네. 흰자위 섬뜩하도록 스모르 작업복 입고 거리를 활보하던 광부들의 모습도 보이지 않고 땟물 벗은 촌놈처럼 여기저기 서 있는 아파트가 이제 더 이상 탄광촌은 아니라는 듯 빼기고 서 있더군. 변함없는 것은 있던 사무실 뒤편 나지막한 능선의 앞산 뿐. 승객들이 빠져나간 대합실에 수염이 까맣던 술 취한 거지들. 경월소주 두 병에 맛동산 과자 한 봉으로 끌어모아 기개 좋게 대합실 바닥에 둘러 앉혀놓고 형님 소리 들어가며 그들과 소주 마시던 후배 우형이 '또 그지 반상회 하냐?'라고 빈정대던 스물 몇 살의 내가 여기 왔는데 그도 여기에 없네.

철길에 주저앉아 읽고 또 읽어 모서리 해진 편지

또 꺼내 읽되 '보고 싶고 그리운 사람이 있으면 길가의 아카시아

잎을 세어 보련다. 그리운 사람이여 안녕!' 떨리는 손으로 몇 번이고 읽다가 다시 안주머니 속에 접어 넣고 담배에 불붙여 한 모금 길게 내 뿜으며 쳐다보던 회색빛 하늘. 거기에서 내려오던 주먹만 한 함박눈……. 사라지듯 정말 사라지던 담배 연기. 스물 몇 살 젊은 철도원이 이제 오십이 너머 관광을 빌미 삼아 예까지 와서 기억의 창고에서 그 시절 편지 꺼내 읽듯 되새겨 보네.

버스가 목적지에 도착했어. 눈이 없으니 당연히 눈꽃도 없고 눈꽃이 없으니 축제도 없네. 일전에 내린 비가 모두 거두어갔다고 누군가 말하더군. 날씨는 어제보다 많이 풀렸다는데 몇 걸음 안 가서 뒤통수가 시려왔어. 사람들만 꾸역꾸역 도로를 따라 위로 올라가고 거기에 휩쓸려 다 같이 열 지어 올라가는데 바람은 불고 춥기는 하고 한참을 올라가니 중턱에 광장 하나 나오네. 일전 내린 비에다 활짝 풀린 날씨. 눈과 얼음으로 빚은 조각상들. 눈물 짓는 모습만 애처로이 서 있었지. 그나마 석탄박물관 하나가 있어 추위와 바람을 피할 수 있고 안에 볼거리. 가이드인 양 눈에 뜨이는 대로 막장이며 갱목이며 당시의 석탄공사가 어떻고 강원산업이 어떻고 알은체를 했지. 그래도 남아도는 것이 시간이고 누구에게나 똑같이 나누어 가졌으니 형편이 다 같을 수밖에.

눈 보러 왔다 눈을 보지 못하고 빈속이나 채우자는 듯 몰려든 사람들로 식당마다 북새통을 이뤘고 간신히 자리 잡은 자리에서 정말로 더 이상 맛없을 수 없는 칼국수 한 그릇씩 앞에 놓고 그나마 국물의 따끈함을 다행으로 한 그릇씩 비우고 버스에 올랐네. 온 만큼 정확히 되돌아가니 태백역이 다시금 거기 있더군. 날이 흐리니 사위가 금세 어두워져 푸념 삼아 한마디 했네. 이렇게 일찍 해지는 동네. 경상도 어디에 또 하나 있고 내 그 동네 색시 얻어 장가갔다네. 일행들은 박장대소하고 아내는 옆구리 꼬집고 열차에 올라 바라본 창밖으로 눈이 내리는가 싶더니 금세 펑펑 쏟아지기 시작하네. 열차는 미끄러지듯 출발하고 난 스무 몇 해 전, 황지역과 이름 바꿔 단 태백역과도 작별하네. 그러면서 내 사랑했던, 나를 사랑했던 그 소녀의 마지막 편지 한 구절을 되뇌네.

보고 싶고 그리운 사람이 생각나면 길가의 아카시아 잎을 훑어 세어보련다. 그리운 사람이여 안녕! 안녕! 내게 편지 쓰던 소녀여! 스물다섯 철길에 주저앉아 편지 꺼내 읽던 젊은 철도원이여! 대합실에서 소주 얻어먹고 우영이에게 형님 하던 네댓 명의 거지들이여! 거리의 광부들이여! 애국가 소리에 걸음 멈추어 서던 하얀칼라의 갈래머리 여학생이여! 그 아릿한 기억들이여!

스무 몇 해 전으로 나를 데려왔던 시간 열차는 다시금 왔던 곳으로 되돌아가는데 주먹만 한 눈송이들이 텅 빈 플랫폼 가로등 불빛을 가리며 펑펑 내리고 있었다네.

2010. 01. 31.

봄날이 아프게 가던 날

세상의 휴일과 내 휴일이 개기일식처럼 맞아떨어지는 엊그제 저녁. 끝이 보이지 않는 취업의 문을 찾아 열기 위해 열공하는 아들 격려도 할 겸, 허구한 날 허리띠 졸라매는 일은 이쯤에서 그만해도 되지 않겠나 하는 생각의 일치로 팔순 노모 모시고 모처럼 우리 내외 청주 시내로 이른바 '외식'을 하러 나갔다.

일찍이 시내 사는 친구가 일러 준 시내 모처 한우전문점.

진열대 접시에 포장된 부위별 고기 골라 이 층으로 올라가 구워 먹는 집. 어쩌다 한번 모처럼의 외식에서도 낮은 가격순으로 훑어보다 내려와 저가로 적힌 접시 고르던 평소와는 달리 높은 가격순으로 훑을 것도 없이 고가군에서 갈빗살 두 접시 성큼 집어 들고 계산대로 향하는 안해를 뒤따르면서 한편으로 이게 꿈인가 싶다가도 저렇게 몇 번 하다 질나면 살림 말아먹는 것은 일도 아니겠다, 우려하면서도 일전 태백 눈꽃 축제 갔다가 거기서 구워 먹던 쇠고기 맛을 기억해 내고 침을 꼴깍 삼키면서 이 층으로 향하였다.

좀 이른 시간.

너른 홀에 맘에 드는 자리 골라 앉아 '시원' 소주 한 병 일찌감치 시켜놓고 고기를 굽는데 늘 먹던 도야지의 그것과는 달리 올려놓은 석쇠 밑으로 양쪽에서 열망을 통해 올라오는 가스불로 구워 먹는 쇠고기 전용 '화로'였던지라 좀 낯설던 참에 양쪽 가 불길이 센 쪽이다 싶어 고깃첨 올려놓고 익혀지길 기다리는데 '여러모로 박학다식한' 안해가 한마디 한다.

"이보소 영감, 고깃첨을 가운데에 올려놓고 굽다가 익거든 양쪽 가로 밀어놓고 먹는 것이지 그렇게 양 가로 고깃첨을 올려놓으면 더디 익는 법이라오."

"양 가에 불길이 올라오는데 어찌 가운데가 불이 괄하단 말이오. 내 지금 하는 것이 맞소이다 그려!"

안해가 또 한 마디 명토 박아 이르기를,

"양쪽 가에서 불길이 올라오는 것은 맞으나 가운데 쪽으로 불길이 향하니 당연히 가운데가 불이 괄한 것이 정한 이치인데 어찌 그리 말을 하오."

모처럼의 외식에 날마다 먹는 쇠고기가 아닌지라,

'그럼 그리 하오리다.' 하고 시키는 대로 고깃첨을 가운데로 몰아 놓고 익기를 기다리는데 생각보다 쉬 익지를 아니하는지라 눈길 줄 곳이 마땅치 않아 두리번거리다 식탁 위에 일찌감치 소집되어 올라온 시원 소주병과 눈이 마주쳤다.

본능적으로 때가 온지를 아는 듯하여, 각오한 듯한 눈빛으로 '비틀어 주시옵소서' 목을 길게 빼는 듯이 보이는지라. 정히 그러하다면 내 주저하지 않으리라 하는 마음으로 모가지 비틀어 팔순 노모부터 시계방향으로 잔을 돌리고 '쇠고기는 색깔만 변하면 익은 것이다' 자신에게 이르는 듯, 아들에게 가르치는 듯 다짐 삼아 한마디 하면서 잔을 들어 모아 늘 그러하듯이 '우리 모두의 건강과 행복을……' 선창하면 가족 모두 후렴으로 "위하여" 하면서 덜 익은 고기 안주 삼아 첫 잔을 마시고 막 내려놓는데 지나가던 '이모'가 다가오더니 손수 집게를 들어 고깃첨을 가에로 옮기면서 '불길이 가에서 올라오니 가에서 익히신 다음 가운데에 모아놓고 드시면 됩니다.'

……

잠시 계면쩍을 안해가 안쓰러워 못 본 척, 못 들은 척 소주 한 잔 입에 넣고 천장 한 번 쳐다본다.

비로소 고기가 순서대로 익고 술잔이 때맞춰 비워지면서 적당히 취기가 오르니 이보다 더 좋을 순 없다.

허리끈 끌러놓고 가족 모두 '맛있다!' 눈빛으로 인사하면서 공깃밥에 냉면까지 배불리 먹고 나오면서 뒤따라오는 안해를 돌아보며 "이쯤에서 무어 하실 말씀 없으시오?"

'여러모로 박학다식한' 안해가 어찌 이 말을 못 알아들으시겠는가?

"맛있게 먹었으면 됐지 무얼 그걸 갖고 그러시오. 아니 그럼, 지금 나 보고 사과라도 하라 이 말씀이오? 쪼잔하게시리……"

어림없다는 듯 '흥!' 하면서 무쇠 주먹으로 어깨를 툭 치고 앞질러 가는데 누가 보아도 명백한 폭력 수준이다.

“암말도 말 것을 괜한 말로 매만 벌었고나”

얼얼한 어깨 만지면서 가만 생각하니 이렇게 살아온 것이 어제 오늘이 아니라 어언 스물하고도 일곱 해째던가 여덟 해째던가?!

생각느니, 입에 녹던 고기 맛도 잠시 내 사는 게 참 쉽다 하는 생각 어찌 아니 들겠는가.

내 생애 쉰네 번째 봄날이 요렇게 가심 아프게 가서야 어디 쓰겠는가?

2011. 04. 05.

빛바랜 그림 하나

"누가 장에 좀 댕겨와야 디겄다!"

우리 집은 '큰집'이었다. 대부분의 제사가 추석 이후로 몰려있어 초저녁부터 마당에 불 밝혀지는 날이 잦았다. 그런 날이면 이른 저녁부터 뒤꼍 한구석에 마련된 노천 아궁이에 불이 지펴졌다. 뒤집어 올려놓은 솥뚜껑 위에서 전이 부쳐지고 부엌으로, 뒤꼍으로 부산스레 오가는 제사 준비에 날은 일찍 저물었다.

그즈음 우리 육 남매는 윗방에 모여 앉아 얼른 제사가 다가오기를, 그리고 기다리던 제사가 끝나면 할머니께서 찢어주시던 기름진 닭다리 살이며 모처럼의 흰쌀밥에 산적 쪼가리를 간장 찍어 배불리 먹을 생각에 침이 고였다. 그런 시간에 느닷없이 떨어지는 어머니의 심부름에 서로 얼굴을 쳐다보며 내가 아니기를, 누군가가 벌떡 일어나 어머니의 심부름 받들기를 고대하며 '버티기'에 들어간다.

모두 애써 일해도 삼시 세끼 밥 챙겨 먹기 힘든 시절이었다. 제삿날이 오면 조상의 얼을 기리기 위해서라기보다는 밤참 배불리 먹기 위해 식솔을 대동하고 모여드는 작은집, 당숙, 재당숙, 종조부 등등의 일가친척들은 밤이며 대추, 말린 고사리에 무말랭이까지 소용 닿는 과일이나 채소부터 산적거리 고깃근이나 김, 자반 등등의 제물을 형편에 따라 챙겨오기 마련이었고 그런 형편도 못되면 연고등빛 고운 마른 솔가루, 가는 나뭇가지로 두루 말은 땔감 한 짐이라도 지게에 잔뜩 짊어지고 오는 가난한 '지차'들도 있었다.

어머니께서는 이 점을 감안하여 제물의 중복을 피하기 위한 간소한 장을 봐오셨고 들어오는 물목에서 빠진 이를테면 조기라든가 더 필요한 고기라든가 하는 제물을 사 올 심부름꾼을 필요로 하시는 것이었다. 늦은 시간이고 장터로 가는 길은 어두운 밤길이었는 데다가 금당이라 부르는, 재작년에 윗마을 친구 동생이 멱 감다 빠져 죽은 저수지를 끼고 돌아야 하는 무섭고도 가고 싶지 않은 길이기도 하였다.

형제들의 '버티기'도 잠시이고 대개는 내가 자청하기 일쑤였다. 연유는 이 '버티기'가 갈 데까지 가게 되면 곧바로 아버지에게 보고가 올라가서 불호령이 떨어진다는 것은 불 보듯 뻔한 일이었기 때문이다. 다른 형제들을 대신한 희생이라기보다는 종당 아버지의 꾸중을 가장 무서워해서이기도 하였고 그만큼 참을성이 없었던 탓이기도 했다.

환하게 불 밝혀진 앞마당을 지나 대문 나서서 옆집 마당으로 돌아서면 금방 칠흑 같은 어둠이었다. 아버지께서 건네주시던 귀한 '플래시'는 지척의 어두움은 밝혀주었지만, 왕복 시오리 밤길에 대한 두려움을 덜어내 주지는 못했다.

동구 밖을 나서서 조금 걷다 보면 비로소 사위가 희미하게 눈에 들어오고 앞산을 돌아서는 모퉁이, 금당 저수지를 지날 때면 앞만 보고 걸었다. 저 멀리 희미한 불빛만 보고 서둘러 바닥의 자갈도 차가면서 신작로길 한참을 걸어 장터에 닿게 된다. 전기도 들어오지 않았던 당시였음에도 여기저기 가겟방에 내걸린 남폿불만으로도 내 기억 속에는 대낮같이 밝고 사람 무수히 오가는 대명천지였다.

볼일 마치고 집으로 돌아가는 길은 왔던 길 보다 두 배는 더 멀어 보이고 무서움 또한 그만큼 커져갔다. 오른쪽 앞산을 끼고 돌아서 친구 동생이 빠져 죽은 금당저수지를 지날 적 얕은 잠자던 이름 모를 새가 파드득 날갯짓 하는 소리라도 들릴라치면 모골이 송연해져 오는 것이다.

"뛰면 안 된다."

누가 가르쳐준 것도 아니고 어디서 들은 적도 없지만, 왠지 그래야만 된다는 생각에 어금니 물어가며 하나, 둘 신작로 양편에 줄지어 다가오는 미루나무 그루 수 세며갔었다.

가까스로 집에 도착하면 등허리에 식은땀이 배게 마련이고 안쓰러운 듯 '애 썼다' 한 말씀 하시며 손에든 것을 받아 드시던 어머니께서 보내주시던 무한신뢰의 눈빛은 장터 다녀오면서 느꼈던 두려움이, 마치 줄곧 따라왔던 어둠이 안마당에 밝혀놓은 남폿불에 일시에 사그라지듯, 가시는 것이었다.

2013. 01. 24.

아반떼를 만난 여인

처가에 다니러 가는 길은 그녀가 다녔다는 초등학교를 한참 지나야 했으므로 안동 산골에서 태어나 시오리 등굣길을 걸어서 다녔다는 그녀의 말은 맞다.

영주에서의 신혼 때는 배기량 90cc 오토바이 뒤에 타고 시장에 가는 것을 큰 영광으로 알았고 대략 사반세기 전, 삼백오십 여리 떨어진 시댁으로 와서 눌러 살게 되어서는 조치원 어디쯤에서 바깥양반이 사다 준 남이 타던 자전거 하나 얻고서 천하를 얻은 듯 기뻐했던 그녀였다. 장터 오일장 보러 가는 길. 고속도로 육교 넘을 적 추월하던 오토바이가 부럽다는 말에 역시나 남이 타던 바퀴 작은 오토바이 사주던 바깥양반은 바퀴만큼이나 통이 작은 좀생이였다.

애지중지하던 오토바이, 어느 여름날 누군가 얘기 않고 가져가는 통에 탈 것이 없어진 그녀에게 이참에 비 안 맞는 경차 하나 사주겠다며 역시나 남이 타던 마티즈 사주던 바깥양반 아무리 경차라 하더라도 '뽀대 나지 않는다'며 조금 큰 '베르나' 사준 것도 남이 타던 거였다.

15층 창문 열면 아주 가끔씩 아카시아향이 들어오던 5월 어느 날. 또다시 차를 바꾸어 주겠다며 시내 중고차 시장 사흘간 끌고 다니며 살 듯 말 듯하다가, 우리 앞으로 살면 얼마나 살겠냐 푸념도 하고 왜 맨날 남이 타던 거냐 혼잣말도 했다. 여기저기 전화하고 계산기 두드리더니 뭔가 작심한 듯하였다. 급기야 넥타이 맨 젊은 청년 하나 집에 들이고서 이것저것 묻고 답하면서 서류 넘겨가며 사인하더니 닷새 만에 그 청년이 눈이 부신 새 차 하나 끌고 왔다.

키를 받아들고 활짝 웃는 모습에 스스로 감격한 바깥양반 혼자 중얼거렸다. '잘 저질렀어! 임자도 이제 이만한 호사는 누려도 될 만큼 나이도 먹었고 고생도 했으니께 말여!'

2010. 05. 30.

아이젠이거나 혹은 아이젱이거나

청주 모 지방방송국에서는 아주 바람직하게도 여성 산악 기행이란 행사를 가끔씩 한다.

마음은 있으매 바쁜 일상에 쫓겨 쉬 산에 다녀오지 못하는 아녀자들을 위해 저렴한 가격에 신청을 받아 단체 산행을 할 수 있는 기회를 제공해 주는 것이다.

전에 살던 동네와 끊임없이 소통하는 덕에 안해는 자매처럼 가까이 지내는 아녀자들 몇몇과 더불어 이번에 덕유산을 간다고 했다.

올라갈 때는 곤도라인지 곤돌라인지 정확한 발음의 경계가 확실치 않은 낯선 도구 이름까지 들먹이며 그걸 타고 올라가고 내려올 때는 걸어서 올 것이라 자랑을 하는 것이다.

도처에 눈이 내린 덕에 아이젠인지 아이젱인지 이 또한 정확한 발음의 경계가 모호한 이른바 미끄럼방지 발틀을 꼭 챙겨오란다 하면서 두 번 세 번 자랑삼아 얘기하는 통에 짬을 내어 늘 다니는 영화관에 "아바타"를 관람하고서 같은 건물 지하에 있는 대형 매장으로 들어갔다.

대형할인점의 장점 중의 하나가 구입하고자 하는 판매상품 대부분이 중저가로 큰 부담이 없이 쉽게 구입할 수 있다는 사실이고 단점 중에 역시 하나 들라 하면 모처럼 마음먹고 제대로 된 것 하나 사려면 눈을 씻고 찾아봐도 확실하게 없다는 것이다.

입구에 특별할인 코너.

한눈에 봐도 '참 싸다.' 하는 생각이 절로 들 정도로 저렴한 가격에 선뜻 집어 들고 요리조리 살펴보면 대개의 상품이 중국 인민들의 손을 거쳐 황해바다 건너온 조악한 상품들이 대부분이다.

이 특별할인 코너에 마중 나오듯 아이젤인지 아이젱인지 하는 미끄럼 방지 발틀이 맨 먼저 눈에 띄었다.

종류별로 7,000원, 8,400원, 25,000원 세 종류가 있었다.

7,000원짜리 하고 8,400원짜리 하고는 사촌 간인 듯 많이 닮았고 25,000원짜리는 '니들이 나를 살 수 있어?' 제법 건방지게 폼잡고 있는데 역시나 동네 똘마니 수준을 넘지 못하는 품질이다.

'싸구려'나 '특별할인'이나 말은 달라도 가격과 품질은 같은 것임을 모르는 바 아닐진대 칠팔천 원짜리를 조몰락거리면서 "우리가 눈 덮인 산에 일 년에 몇 번이나 간다고, 좋은 것 살 필요 있나?" 염불하듯 되뇌는 것이었다.

"일회용으로 쓸 것이 아닌 바에야 좋은 걸 사야 두고두고 쓰지 않겠나?"

조심스러운 나의 건의는 전혀 반영될 기미가 보이지 않고 안해는 여전히 칠팔천 사촌들에 집착하여 방금 전 보았던 아바타에서 꼬리를 전선 플러그 연결하듯 해서 소통하는 흉내를 내려는 듯 그들과 소통을 시도하고 있다.

나 또한 이대로 물러설 수 없어 MB가 4대강 갖고 물고 늘어지듯, 총리가 세종시 수정안 갖고 늘어지듯 이만오천, 이만오천 시위하듯 끈질기게 주창하였다.

결국, 마트 직원의 밀어주기와 바로 전 젊은 내외가 아주 쉽게 이만오천을 구매해 가는 바람에 안해는 마지못해 이만오천을 카트에 담았다.

돌아오는 내내 안해는 그 칠팔천의 선택이 옳았음에도 불구하고 마음에 없는 이만오천과 동행하는 데 대해 마땅치 못한 심사를 표정에 아주 예술적으로 그려내고 있었다.

그 '우거지상'은 집으로 오는 내내 계속되었고 집에 돌아와서도 거실 온도를 적어도 삼도 이상 끌어 내렸다.

……

긴 밤 지새운 이튿날 오후 한 시 삼십 분.

큰아해와 시내 볼일 보고 돌아오면서 문득 안해의 눈 덮인 산 첫 산행이 궁금하여 아니, 그보다는 그 이만오천과의 화해가 어찌 이루어지는지 궁금하여 손전화를 넣었다.

신호가 두어 번 가더니 이내 활기차고 숨차고 보람찬 안해의 음성이 흘러나왔다.

"필승!"

이것은 내 안해의 기분 내지는 '컨디션'이 최고조에 달했을 때 나오는 일종의 경보음이었다.

이럴 땐 적이 안심되어 내 목소리 또한 자동으로 아주 자애로운 지아비로서 전혀 손색이 없는 시의적절하고도 너그러운 음성이 자연스레 흘러나온다.

"부인! 오늘 산행이 어떠하오? 불편하지는 아니하오?"

"아! 최고여 최고! 경치도 최고이고 야……"

하면서 말을 잇지 못한다.

"아이젠인가 하는 거는 쓸 만하더이까?"

조심스레 물으니

"아! 이거, 이만오천 가지고는 안 되고 삼만 오천은 되어야 겠드라! 삼만 오천! 칠팔천 같은 거 신은 여자 하나도 없다카이!"

부지불식간 튀어나오는 반말이며 친정동네 방언에

모처럼 근심걱정 없이 편안한 하루를 보낼 수 있겠고녀!

바야흐로 쉰셋 된 지아비는 긴 안도의 한숨을 내 쉬었다.

오늘 같은 날이 얼마 만이며 또한 일 년에 며칠이나 되던가?

2010. 01. 08.

고적한 날 - 안해가 운다

조수석에 털썩 앉아 약봉지를 뒷좌석에 던져놓고 한숨을 길게 내 쉬더니 복받치는 설움 토해내듯 엉엉 소리 내어 운다.

떨어진 알부민 수치를 끌어 올리기 위해 궁여지책으로 받은 처방.

뒤집어지는 속 달래가며 두어 달 공들여 먹은 스테로이드제.

좀 나아지는가 싶었는데, 이제는 좀 살겠다 싶었는데 도로 제자리로 떨어졌다 한다.

지겹다고 한다. 살고 싶지 않다고도 한다.

십육 년 동안 하루도 거르지 않고 먹어야 하는 약도 지겨운 데, 그래도 남처럼 투석까지 가지 않은 것만 해도 기적이라 해서 그런가 싶으면서 살아왔는데, 이제는 정말 힘들어 죽겠다면서 어깨를 들썩이며 안해가 운다.

같이 가 볼 걸……

다녀오라 이르고 주차장에 운전석 의자 재껴 놓고 졸던 자신이 염치없어 계면쩍은 표정으로 아내를 어른답시고,

"어쩌겠는가? 이제껏 살아왔지 않았는가?

도로 내려앉은 그 자리에서도 이만큼 버텨왔으니

그만도 다행이라 여기고 그냥 친구삼아 살면 되지 않겠는가?"

휴지와 함께 건네는 말이 참 멋쩍기 그지없는데 '당해 본 사람 아니니 이 속을 어찌 알겠느냐'며 코 풀어가며 더 서럽게 운다.

가기로 했던 등산복 매장 쇼핑이 취소되었고 오리고기 먹기로 했던 저녁도 물 건너 가버렸다.

그 달포 간 젓가락 점지 한 번 받아보지 못하고 냉장고에서 빈번하게 들락거리던 갓김치가 물 말은 밥술에 얹혀 모처럼 간을 맞춰 끼니를 때웠다. 설거지를 할까 말까 하다 말고서 시간만 재고 있다. 싸운 사람처럼 말없이 등 돌리고 자리에 들었다.

좀 더 잘해줄 수 있었는데…… 잘 해줘도 됐었는데.

젊은 날 생각 없이 뱉은 말 한마디, 행동 하나가 그대 가슴에 병으로 스몄고나. 어두운 천장 바라보며 생각만 많아져 이리저리 뒤척이다 문득 안해를 바라보니 안해가 잔다. 찌푸린 미간에 주름 깊은 얼굴로 안해가 잔다. 이불 덮어주고 손을 가만 쥐어보니 쥔 내 손을 부여잡은 손에 힘이 전해온다.

그려, 그냥 사는 것이다. 누구나 병 하나 벗 삼아 그냥 살아가야 하는 것이다.

아니지.

조물주가 공들여 맹근 당신. 의사가 알면 얼마나 안다고. 멀쩡한 당신 아프다고 말하는지도 몰라. 정말 그런 걸지도 몰라.

색색 숨 고르며 안해는 잘도 자는데 잠을 잊어버린 내가 나를 어쩌지 못하고 혼자 중얼거리며 뒤척이는 밤.

2011. 01. 07.

고적한 날 2 - 나 홀로 칼국수 끓여 먹기

밤일 끝내고 집으로 돌아오니 팔순 노모도 안해도 아해도 없다. 모처럼 혼자라는 사실에 마음이 참 편해진다. 텔레비전 리모트 컨트롤 가지고 티브이를 희롱하기도 하고 눈 녹은 벌판하며 자동차 씽씽 달리는 고속도로를 내다보기도 하다가 때가 되었던 것이다.

거실 뒤 베란다 문 열고 뚜껑 덮인 냄비 들춰보다 발견했다. 내가 김칫국을 좋아해서 안해가 자주 끓여주는 것인지 아니면 안해가 김칫국을 자주 끓여주다 보니 내가 좋아하게 된 것인지는 몰라도 요즘 자주 먹은 듯하다.

옛말에 '국물도 없다'라는 말이 있다. 앞부분에 생략된 것은 광운대 BBK 동영상을 보고 저 나경원이 어록에 새긴 '주어'가 아니라 '건더기는커녕' 아니겠는가?

혼자 먹는 점심. 그냥 밥 말아 먹겠다고 열고 보니 그리하기엔 건더기가 너무 많다는 생각이 들었다.

하여, 문득 떠오른 생각 하나가 있어 바로 작업에 들어갔다. 저녁에 먹을 만큼 남겨놓고 건더기 적당량 건져내어 가위로 잘게 썰었다. 따라온 국물에다 맹물 조금 붓고 국시장국 조금 넣었다. 마늘 한 쪽 찧어 넣고 고추장 1/16 술 풀어 넣은 다음 휘휘 저었다.

세상에 알고도 속는 것이 몇 있다. 그중의 하나가 국수 양 가늠하기. 엄지와 중지로 국수를 잡는데 엄지손톱 끝과 중지손톱의 시작 부분이 맞닿게 원이 만들어지도록 하여 양을 가늠하면 크게 낭패 볼 일은 없겠다.

삶다 보면 건져내는 그 '시기'도 참 중요하다. 어떤 이는 중간중간 젓가락으로 건져내어 맛보다 혓바닥 데는 사람도 여럿 보았고, 몇 가닥 건져 올려 주방 벽에다 어렵게 던져보고 국수 가닥이 벽에 달라붙는 시점을 가늠하여 '때'가 왔다고도 하나 경험상 '이쯤이면 되지 않았겠나?' 생각이 들 즈음 자세히 들여다보면 끓는 물의 면발이 짧은 시간 안에 줄풍선에 바람 들어가듯 굵어지는 것을 발견할 수 있을 것이다.

'이때' 바로 '그때'이다.

안동산 참기름 딱 한 방울 떨어뜨렸다. 안해가 참기름 칠 때, 처음 서너 방울 떨어뜨려 주기에 농사짓느라 땀 흘리신 친정 부모 생각에 아까워서 그러는 줄 알았다.

그 "서너 방울"의 참기름 냄새가 국수 한 그릇은 물론이거니와 이곳 1200세대 아파트 단지 내 1동부터 16동까지, 1층부터 18층까지 고소함으로 진동시킨다는 것을 주민들의 항의로 뒤늦게 알게 되고 나서 동네 주민들 눈치 보아가며 어렵게 한 방울 떨어뜨려 먹게 되었다는 말씀이다.

흔히들 라면을 찾아도 '매울 신'자 쓰여 있는 라면을 찾고 칼국수 앞에 고유명사처럼 붙던 '바지락'이 거하고 '얼큰이'가 내하여 동네 개들조차 얼큰이 칼국수를 찾는다.

쫀득한 맛에 진저리 쳐가면서 몇 저분(젓가락) 떠 넣어 드시다 문득 허전할 때 간장 속에 초고추 숟가락으로 받쳐 들고 윗니 아랫니 가위 삼아 반씩 베어 먹으면 그 허전함이 채워진다. 처음 베어낼 때 조심해야 할 것이 무엇인지는 천천히 드시면서 스스로 체험하실 수 있기에 여기서 따로 말씀드리지 않을란다.

바야흐로 쉰넷.

혼자 밥 먹다 보면 근원을 알 수 없는 설움에 반도 먹지 못하고 물 말기가 다반사. 국물 내기 어렵거나 귀찮다 하지 말고 이렇듯 남겨진 것들로 배를 채우고 나니, '음식'과 '쓰레기'의 차이가 남겨진 것들에 대해 먹고자 함과 버리고자 함의 차이가 아니겠는가?

나아가, 내게 남겨진 것이 어디 저 건더기 넉넉한 김칫국뿐이겠는가…….

2011. 02. 07.

고적한 날 3 - 허허로움에 대한 단상

세상에 감기몸살치고 점잖은 감기몸살이 어디있겠나만 구랍아기예수님 생신 앞세우고 내게 찾아온 감기몸살은 그 점잖지 못하기가 팥쥐 모친 못지않게 드센지라 해를 넘겨가며 그것 떼어내는데 여간 고생을 한 게 아니었다.

가까스로 추스르고 일어날 만하니 무슨 바통 넘겨주며 이어달리기 시합하듯 안해가 이마빡에 손을 얹더니 서랍 뒤져가면서 내 먹다 남은 약을 찾아내어 먹어가면서 꼭 내 그러했을 때처럼 "에고 나 죽겠네! 다 소용없다. 내가 살고 봐야지!"

동지섣달 긴긴밤을 날숨에 장단에다가 가락까지 버무려 홍얼거리니 저 회심곡 완창으로 유명한 김영임 여사가 '싸부님!' 하고 꿇어앉을 정도로 애절하게 가슴을 파고드는 것이었다.

게다가 이따금씩 기침을 할 적마다 가슴패기를 도끼로 찍는 것처럼 아프다면서 역류성 식도염이 재발하였다고 누군가에게서 들었다며, 플라자 맞은편 무슨 병원에서 주사를 맞으면 한방에 똑떨어진다고 하면서 거기에 가야겠다는 것이다.

병원 가는 차 안에서도 안해는 생각하기를 처방전 받아 약을 지어 먹고 엉덩이 까 내리고 한 방에 똑떨어지는 주사 똑 떨어지게 맞고 나면 이 고생은 끝이라 생각했던 모양이나, 진료실 나서면서 간호사가 주사실을 가리키며 들어가 침대 위에 누우라 하니 금세 얼굴색이 바뀌면서 '무슨 주사길래 누워서 맞느냐'는 안해 질문에 간호사는 대수롭지 않게 링거니까 족히 두어 시간은 걸릴 것이라 하니 금세 또 낙심하며 나를 불러 세워놓고 금방이라도 세상 하직하며 남기고 싶은 이야기 하듯 렌치에 사골국물 얹어 놓은 것 불을 줄여 놓을 것과 해지기 전에 베란다 화초를 거실로 옮겨 놓을 것, 빨래는 걷어 개어 놓을 것 등등을 엄숙하고 진지한 표정으로 이르는 것이었다.

다 저문 시간이 되어 아해가 모셔서 집으로 돌아온 안해는 저녁을 먹는 둥 마는 둥 일찍 잠자리에 들더니 이내 죽은 듯 하룻밤을 자고 났으나 그 기침할 때 가슴 아픔은 여전하다면서 어디서 또 무슨 이야기를 들었는지 신장병 치료를 담당하는 시내 엄 박사네 병원에 다녀와야겠다는 것이다. 일전에 당한 것도 있고 하여 이번에는 사이좋게 엘리베이터 타고 병원까지 같이 들어갔다. 한참을 지나 가운으로 갈아입은 안해의 모습이 잠깐 보이더니 이내 촬영실로 사라지는 것이었다.

늘 검은 옷을 즐겨 입는 안해의 모습만 보아왔던 터라 분홍색 가운을 입은 모습이 눈이 부실 정도로 아름답기도 하거니와 요 며칠 잘 먹지 못한 탓에 창백해진 얼굴이 그 정도를 더하는 듯하였다.

내심 탄식하며

"저리도 고운 안해여! 아프다 소리만 아니 하면 내 무엇을 더 바라겠는가!"

……

한참을 지나 처방전을 받아들고 나오면서 내게 이르기를 그 '가슴 아픔'은 폐에 물이 찬 연유이며 이를 치유하기 위해서는 일주일 정도 입원하여 치료해야 하나 우선 이뇨제를 복용하여 체내 과다한 수분을 제거한 다음 내일 경과를 보아 그때 결정하겠다고 한다는 것이다.

일찍이 로원이 이르기를 '하수는 쉬운 일을 어렵게 하며 고수는 어려운 일을 쉽게 하는 법'이라는 말이 생각나, 무심코 말이라고 하기를 '폐에 물이 찼으면 소주병에 소주 따라내듯 바람벽에 세숫대야 앞에 놓고 물구나무서기 하면 콧구멍으로 흘러내려 대야에 고이지 않겠나?' 했더니 안해는 눈을 부라리고 옆에서 듣고 있던 간호사 두 명이 소리 없이 뒤로 넘어가는 것이었다.

이후 집으로 돌아와 점심으로 누룽지 끓여 먹은 안해는 그 이뇨제를 복용하고 저녁때까지 무려 스물다섯 번 화장실을 들락거렸으며 밤새도록 무시로 그 일을 되풀이하는 것이었다.

이튿날 난 서른다섯 해째 계속해온 일을 하러 일터로 향했고 안해는 큰 아해를 앞세워 엄 박사네 병원으로 향했다.

매일같이 해도 되고 하지 아니하여도 되는 일을 하는 척하느라 정신사납기가 그지없는데 가슴에 진동이 전해져와 휴대폰을 여니 안해의 목소리가 구내방송 스피커에서 나오듯 귓구멍이 얼얼하게 들려온다.

"가슴 아픈 것 다 나았다네! 입원 안 해도 된다 하네! 그리고 알부민 수치도 훌쩍 올라갔다네! 야! 이 내 서방님아! 내 다시 살아났으니 날 무시했다간 가만 안 둘 줄 알어! 알었찌?"

참으로 다행이다. 당분간 한시름 놓아도 되겠구나!

가슴속에 잔뜩 도사리고 있던 근심걱정이 늦은 봄 눈 녹듯이 녹아내리는가 하였더니 그 빈 가슴에 금세 넘치도록 채워지는 것이 "쉰넷, 내 삶 하루 한나절이 새로운 데 허구한 날 마누라 걱정으로 늙어가야 하나!" 하는 허허로움인 것이다.

생각이 여기에 미치니 오늘 하루도 참으로 고적한 날이라 아니 할 수 없는 것이었다.

2011. 01. 12.

남자의 일생

아침이다. 샤워를 마치고 침대에 걸터앉아 안해가 켜 놓고 나간 티브이를 본다. 이른 시간. 서둘러 출근해서 단정한 차림으로 나라 안팎의 새 소식을 일목요연하게 정리해서 전해주는 여자 아나운서를 쳐다보노라면 일찍이 중국의 시황제도 누려보지 못했던 호사를 내가 누리고 있다는 행복감에 젖는다.

이 시대. 대한민국에서 태어났다는 것이 얼마만큼 복되고 행복한가를 거듭 가슴 깊이 새길 즈음. 주방에서 조찬을 준비하던 안해가 병을 하나 들고 들어오면서 마개가 도무지 열리지 않으니 한번 열어보라며 내민다.

나는 이런 예기치 않은 순간에 주어지는 사소한 과제에도 긴장한다. 가장으로서, 남편으로서, 대한민국의 남자를 대표하여 여자보다 우월하다는 것을 스스로 입증해야 할 의무가 있고, 모쪼록 이 과제를 아주 신속하고 완벽하게 처리함으로써 안해로부터 무한 존경어린 눈으로 나를 바라보는 그 눈길을 즐기고 싶은 욕심 때문이기도 하다.

자세를 바로 하고 왼손으로 병을 잡고 오른손으로 마개를 잡은 다음, 서서히 힘을 주어 시계 반대 방향으로 돌렸으나 마개는 열리지 않고 손이 먼저 미끄러진다. 마개에 묻은 물기 때문이라는 것을 금세 깨닫고 의자에 걸쳐있는 수건으로 물기를 닦아낸 다음 심호흡과 함께 같은 방법으로 힘을 주어 서서히 비틀었다.

돌아간다! 돌아간다! 돌아간다! 요지부동이던 병마개가 돌아간다. 해냈다……

짐짓 의연한 표정으로 분리된 병마개를 도로 닫아 안해에게 건네는 순간 비로소 그 속에 담긴 내용물에 눈이 갔다.

꿀! 꿀이었다.

저 안동네 스님께옵서 벌통을 얻었는데 놓을 데가 마땅치 않다는 말씀에 우리 선산 아래 백여 평 작은 밭머리에 놓는 것을 허락한 대가로 얻었다는 얘기를 얼마 전에 들었던 기억이 난 것이다.

"거 누구 줄라 그러시오?"

입고 당시 마개까지 꽉 찼던 내용물이 거의 반이나 줄어있다는 생각에서 물었다.

"큰아이가 기침을 하고 몸이 허한 것 같아서 메칠 멕여보는 건디……"

……

"아무리 그렇다 한들 가장인 내게 한 잔 타주고 그리 하는 게 순서고 도리 아니겠소?"

"쯧! 한심한 양반아! 시비 같지 않은 시비이고 태클 같지 않은 태클이로다! 아비가 돼 가지구 어디 아들 챙기는데 시비구 태클인가?"

'퍽' 하니 들고 있던 꿀 병으로 어깨를 한 방 치고 유유히 주방으로 향한다.

“아아! 참아야 한다기에 눈물로 보냅니다. 여자의 일생…….”

아주 오래전. 제수씨께옵서 노래방에서 서글프게 부르시어 가슴을 저미게 했던 이 노랫말의 말미는 남자의 일생으로 바뀌어야 한다.

중국의 시황제도 부럽지 않던 행복감이 유리창 깨지듯 일거에 허망하게 스러져 갔던 그 날 아침.

어깨에 찡하게 다가왔던 통증보다 가슴 속 깊은 곳에서 전해져 오는 것은 분노도 슬픔도 아닌, 참아야 하는, 참을 수밖에 없는 굴욕이고 설움 그 자체였던 것이다.

2013. 06. 17.

내가 지은 죄

오메 나 죽겄네!

쓰린 속을 움켜쥐고 희미한 기억의 저편, 공소장 읽어 내려가듯 내가 지은 죄를 훑어 내려간다.

부부동반 동문회 모임.

작심하고 퍼 넣었다. 어떻게 집에 왔는지 기억이 나지 않는다. 밤새도록 꽥꽥거렸다. 그럴 때면 어렴풋이 저승 문턱이 보이곤 했지.

조강지처는 아주 훈련이 잘 돼 있다. 뒤틀린 속을 어쩌지 못해 모로 눕는 기척만 있으면 영락없이 걸레통으로 쓰는 플라스틱 바가지가 턱 밑으로 자동으로 받쳐진다. 오랜 훈련(?)의 결과다. 항상 그랬다.

비 맞은 중이 불경 독송하듯 있는 욕 없는 욕 마구잡이로 퍼부어 대면서……

조강지처, 추석 쇠고 곧바로 직장이라고 한자리 얻어 나갔으니까 거지반 한 달이 되어간다.

어저께 아침에 퇴근하니 맞아주는 건 가이스키뿐.

웬수는 밥상도 안 차려 놓고 출근했다.

가스레인지 위에 마늘 넣어 끓인 미역국, 손잡이 떨어져 나간 지 수 삼 년 된 프라이팬에 기름 부어 놓고 계란 하나 뒹굴 듯 웃고 있다.

냉장고 다 뒤져 봐도 배추김치 하나뿐.

레인지에 불붙이고 프라이 대충해서 상 차려 가지고 먹으려니 괜스레 목이 멘다.

밥상 들고 방으로 들어가 티브이 켜 놓고, 스포츠 신문 읽어가면서 식어 빠진 미역국에 밥 한 공기 말아 재껴 개밥인 양 끼적거리며 먹었다.

이렇게 개 같은 조찬을 끝내고 상 내가려고 방문을 연 순간, 에구구 무슨 화생방 훈련도 아닌데 마루며 부엌이며 연기가 자욱하다.

에구, 프라이팬, 가스레인지……

상 놓고 후다닥 달려들어 불을 끄고, 행주 찾아 프라이팬 들어 싱크대에 팽개치고 수도꼭지를 틀어 놓고 환풍기 가동시키고……

그 웬수 최소한 30분 지겨운 잔소리 소재를 스스로 제공한 것이다. 그것도 주말 드라마도 아니고 미니 시리즈도 아니고, 짧게 잡아도 한 달짜리, 일일연속극처럼 되풀이 하겠지. 등에서 식은땀이 난다.

어디서 들은 기억이 나서 부엌에 신문지도 태워보고 스킨로션 뿌려보고 할 것 다 해놓고 괜찮다 싶었는데 학교 갔다 돌아온 아들놈 대뜸 한다는 소리가 무슨 냄새냐고 묻는다.

프라이팬은 마당으로 갖고 나가 모래흙에 박박 문지르고 보니 워낙 색깔이 검은데다 헌 것이라 개갈이 나지 않아 뒤꼍에다 집어 던져 버렸다.

웬수 퇴근할 때 즈음 동구 밖으로 나간다. 저기 저만치 어기적거리며 걸어오는 것을 달려가서 서양식으로 인사를 한다.

'이 양반이 왜이란댜? 발정난 개같이……'

우리 웬수는 참으로 본새가 없다.

"얼른 가자 시간 늦을라."

밖으로 도는 것을 좋아하는 인간 냄새가 코로 들어가랴 싶어 다 그쳐 모임에 참석했었다. 그래서 퍼 넣었다. 참이슬이고 지랄이고 가릴 것 없이……

아침에 발광 난 속은 여벌이고 웬수 눈치챌까 봐 똥 싼 가이스키처럼 눈치만 실실 보니까 웬수가 참으로 측은한 눈으로 날 쳐다본다.

쑥스럽기도 하고 어제 지은 죄가 들통 날까 봐 무섭기도 하고.

뒤통수가 가려워 옴을 느끼며 신발 꿰고 있는데,

'약 사 묵으소.' 한마디 뱉는다.

일단은 탈출에 성공!

그래도 께름칙하다.

자수하는 것이 낫겠다 싶어 차 안에서 전화기를 꺼낸다.

웬수가 받는다

“여보세요?”

저승에서 들리는 듯한 소리다.

“난디……”

“말해요.”

얼떨결이라고 할까, 순간적으로 느낀 공포감 때문이었을까, 생각지도 않던 말이 내 입에서 튀어나왔다.

“저기…… 나 당신 사랑해……”

“헛소리 하지말구 약이나 사 잡숴!”

비명처럼 소리 ‘꽥’ 지르고 이내 끊어버린다.

-마흔세 살 먹은 고달픈 인생의 시월 셋째 주 일요일은 이렇게 시작됐다-

2010. 10. 15.

함께 지은 죄

엄니께서 부천 형님 집에 다니러 가신다고 해서 퇴근해서 곧장 버스 터미널에 모셔다 드리고 나서는 난 방콕행…….

옆집 가이스키 밥 훔쳐 먹으러 오듯, 어둠이 동구 밖에서부터 실렁실렁 기어 들어올 때 쯤 조강지처는 퇴근한다.

부엌에 들어가 밥 지으려 해도 찬거리가 시원치 않다

그나마 직장 나간다고 좀 부실해 진 것이 어디 반찬뿐이랴.

저녁 준비를 포기하고 대문 앞에 쪼그리고 앉아 청승맞게 아내를 기다리는데 저만치 가로등을 등에 지고 터덜터덜 선머슴처럼 걸어온다.

뒷짐 지고 가까이 다가가니 표정이 유난히 밝다.

'엄니 부천 가셨지?' 하고 혀를 쑥 내민다.

돌이켜 생각하니 이 웬수는 엄니만 안 계신 날이면 어깨에 날개가 돋아난다.

'우리 수산시장에 가서 회 떠다 먹자!' 점입가경이다.

하지만 어쩌랴 옆집 성님들 얘기가 '나이 먹고 다리심 빠지면 의지할 데라고는 늙은 여편네뿐이더라고.'

한두 번 들은 얘기도 아니고 나라고 안 늙는다는 보장도 없지 않은가.

노후를 위해서 고개를 끄덕이고 나니 아닌 게 아니라 생선회 먹은 지도 오래 됐고.

우리 자식 놈들도 회라면 환장을 한다.

그래, 빈집에 소 들어가는 거하고 마른 논에 물 들어가는 거, 자식새끼 입에 먹을 거 들어가는 거 세상에서 젤로 보기 좋다 했겄다.

그래도 영 걸리는 게 엄니다.

행여 동네 사람 눈에라도 띄면, 저 집 화상들은 노인네 빼놓고 회 떠다 먹는다고 흉잡히지나 않을까 걱정하다가,

날이 이미 어두웠는데 누가 부러 들여다 볼까 적이 안심하고 자동차 홱 돌려 자그마치 킬로 육백 나가는 돔 두 마리 우리 가족 건강에 이바지할 기회를 주었다.

참으로 기가 막힐 일이다. 난 그래도 엄니 안 계신 것이 영 마음에 걸려 소주 한 잔 먹는 것도 마음에 걸려 쳐다만 보고 있는데, 철없는 자식 놈들 입안이 며져라 처넣고 있고, 그 웬수 내비 두어도 잘 먹고 있는 자식 놈들 목구멍 앞에 번호표 붙여 깻잎에 초장 발라 쌈 싸놓고 지도 정신없이 욱여넣는다.

상 치우고 나니 속만 쓰려 쉬 잠이 오지 않는다. 마루로 들락날락 담배 물고 왔다 갔다 시간은 열 한 시를 넘었는데…….

어럽쇼! 초저녁잠 많은 우리 웬수 거동 보소.

소화제 찾고 난리를 치다 잠들었나 했더니 화장실 들락날락하는 폼이 된통 걸렸나 보다.

정신없이 욱여넣은 거 위아래로 반납하는 것이 눈에 선하게 시

리 화장실이 요란하다.

짐짓 걱정되어 따라 들어가서 등을 두드려 주고 부축하여 방에 들여보냈더니 아프다 소리도 못하고 픽 쓰러져 갖은 인상 쓰고 모로 돌아 눕는다.

다시 마루로 나와 담배 한 대 꼬나 물고 그도 답답해서 대문 열고 밖으로 나오니 공기도 차고 달빛도 차다.

마흔세 살 먹은 남자의 고달픈 인생은 이렇게 가을밤과 함께 깊어갔다.

2010. 10. 31.

러브호텔 507호에서

나 방금 독한 술 한 잔 마셨네. 아내가 옆에 자고 있어. 전에 얘기한 그 술, 병뚜껑을 열었어. 반은 줄었나 봐, 왠지 밤잠 설치는 계곡물 소리는 들려오질 않아. 에어컨 돌아가는 소리, 이따금 지나가는 자동차 소리, 그려 나 지금 강원도 홍천. 들어봤어도 와보지는 못한 강원도 땅, 그 어디쯤 러브호텔 507호에서 이 글을 쓴다네.

참 좋으이! 꿈은 이루어지고 있는 것이 말이여, 나 오늘 부석사 거쳐 예까지 왔어. 내 집 마당에 세워놓은 차에 올라, 발바닥 흙 한 번 묻히지 않고 세 시간 남짓이면 올 수 있다는 것이 참 신기하다 여겼지. 그만큼 세상이 좋아진 거지 아무렴.

부석사 가는 길. 길옆으로 사과밭이 있었어. 대략 스무 몇 해 전 나 거기에 간 적이 있다네.

인옥이……

발령 받고서 두 달 남짓 머물던 하숙집 누이. 그 누이가 날 거기 데려간 것이 그해 늦가을이었어. 즐비한 사과나무 가지마다 사과가 주렁주렁 달려 있고 길가에 소복이 쌓아놓은 무더기에서 제일 크고 빨간 사과를 골라서 내게 건네주었어.

얼마 전 신문에서 부석사에 관한 글을 읽고 문득 그곳이 가고 싶었어. 그래서 부랴부랴 갔던 게야.

입구 은행나무 사이로 난 길 따라 걸을 때 앞서가던 젊은 아낙이 아이에게 말했어.

'야야, 널 짰다.'

난 문득 오래전에 세상 떠난 친구 하나를 떠올렸지. 그 친구하고 단양에 일을 보러 간 적이 있었어. 열차에서 내려 집찰구로 향하던 길, 앞서가던 할아버지 한 분의 보따리에서 무언가가 하나 '툭' 하고 떨어졌어.

'할배요! 널 짰니더.'

충청도 할아버지 그 연세 되시도록 경상도 방언의 '널 짰다'란 소릴 들어보지 못하셨던지 두리번거리는데 그 친구는 연신 '널 짰니더'만 연발하고. 아이는 '널 짰던' 모자 주워들고 앞장서 가고 봉황산 위 하늘은 잔뜩 흐려있었어. 난 속이 좀 탔지. 매미 소리 요란하게 들려오고 앞서가는 사람들 말씨가 여기 경상도이고 우린 집에서 한참이나 멀리 나왔다는 생각, 안양루 계단을 오르면서 극락 가는 길이 이리되었을까? 아래선 분명 위층인데 다 오르고 나니 올라온 곳은 평지고 발아래 올라온 길이 있으니.

왼쪽으로 돌아 난 떨리는 가슴으로 고개를 돌렸어. 안양루 오른편이었지. 그려 바로 저것이었어. 하늘은 용케도 저 멀리 희미한 산등성 겹겹이 허리 곡선까지 보여주었어. 옅은 구름이 살짝 가린 것이 오히려 신비를 더했고.

이 너른 부석사 경내 여기저기 사람들 북적이는데 왜 이 자리,

아주 특별한 자리, 어쩌면 줄 서서 기다려가면서 보아도 시원치 않을 이 자리가 이리 한산할까? 스무 몇 해 전. 나 또한 그랬듯이 무량수전 부처께선 비켜서 계셨어.

세속의 욕심 덜어내는 것이 아니라 나 하나, 내 새끼 하나 복되게 해달라고 빌었어. 덜어내야 할 것, 버려야 할 것 버리지 못하고 오히려 주워 담고서 조사당 오르는 길이 무거울 수밖에……

"뽕나무에요."

아내의 말에 허리통만 한 기둥 줄기 좇아 올라가다 보니 가지 끝은 이미 하늘에 미쳤어. 태백산 주목이 살아서 천년, 죽어서 천년이라 하였던가?

평생 말 한마디 아니하고 바람에 가지나 흔들어 주면서 살지라도 죽어서까지도 천년이면 이 세상 느긋하니 나무 탈 쓰고 다녀가는 것이 낫겠다고도 싶어.

다시 안양루로 내려왔어.

이보다 높은 자리도 낮은 자리도 옆으로 조금만 비켜서도 보여주지 않는 그 자리에 다시 섰어.

오직 이 자리라야만 누군가의 표현대로 공룡의 등때기 같은 모든 산맥들이 하늘과 맞닿아 있는 곳, 어찌 보면 흩어진 것 같으면서도 겹겹이 모여 있는 그 광경을 지켜보면서 '이 세상 만류 중에 오직 나 하나만이 지금, 이 순간, 이 자리에서 아주 특별한 대우를 받는구나!' 마냥 감격에 겨울 수밖에……

미안해! 오늘따라 술이 당기네 그려.

한 잔 마시고 계속함세.

……

근데 왜 홍천에 와 있냐고 그랬나? 얼마 전 양구에 다녀간 적이 있어. 그 땅의 산과 물에 반해서 다시 오마 벼르던 차에 부석사 거쳐 예까지 한달음에 올라왔어.

아뿔싸!

지도 한 장 갖고 인재로 넘어가려던 나의 계획은-그래서 전에 이야기한 것처럼 깊숙한 골짜기 어디에다 작은 집 지어놓고 밤새 골골거리는 물소리 벗 삼아 독한 술 한 병 다 비우려던 나의 계획은 일장춘몽으로 끝났어.

예서 한양이 이백오십 리. 이미 나보다 더 일찍 서두른 사람들이 여기 있었고, 그들끼리도 비집고 들어가지 못해 길을 메운 차량 행렬들. 한계령이고 진부령이고 다 물 건너보내고, 해는 이미 서산으로 기울기 시작했어. 산 그림자 길어지면 짙어지는 것이 어둠 말고 무어 또 있겠는가? 결국은 이 길 가 러브호텔 507호에 방 잡아 놓고 이 글을 쓰고 있다네.

부석사 얘길 좀 더 해야겠어. 안양루를 떠받치고 있는 나무 기둥을 보았는가? 무량수전 네 귀퉁이를 떠받치고 있는 나무 기둥을 보았는가? 아까 얘기대로 죽어 천년, 나무가 무거운 지붕을 떠받칠 수 있다고 생각하는가? 이십 년 조금 넘긴 내 사는 집도 이제 새 집 지을 때가 되었다고 오가는 사람들 이야기하는데 나무가 죽어서 천년을 버틴다고?

아냐! 소백산이다, 태백산이다, 그건 그들을 아주 빠른 속도로 스쳐 지나가는 인간들이 생각 없이 이름한 거고, 봉황산 그 낮은 자리에서 뭇 산맥들을 다스려 떠받치게 한 거야. 우리가 국수 먹을 때 젓가락 이용하듯 단지 그 나무 베어 배흘림기둥 깎아서 받치고 있을 뿐이야.

저 산들을 더 낮은 자세로 꿇어 엎드리게 한 것은 안양루 무량수전이 스스로 낮은 곳에 터를 잡고 있기 때문이야. 마흔다섯 이 여름. 머지않아 돌아가야 할 이 짧은 생 돌아갈 땐 돌아가라고. 부석 그 커다란 돌멩이 그래서 바위라 불러야 하는데 우린 그냥 부석이라 부르고 있어.

살포시 눈뜨다시피 떠올라 있는 그 자리에서 모두를 내려다볼 수 있는, 하여, 스쳐 지나가는 군상들이 경내임에도 모자를 눌러쓰고 '삐리릭' 손전화 받아가며 남녀가 엉키듯 허리 감고 불안스레 저들끼리 허상들을 보면서 어지러이 오갈 때 그 무리들 재껴놓고 마흔다섯 이 나이, 세상살이 일찌감치 지쳐버린 촌부에게 잠시 자리 내어 내려다볼 수 있게 배려한 것은 내겐 다시없는 영광 아닌가?

또 한잔 마시고……

무량수전이 우리나라 최고의 목조건물이고 부석사 경내의 건물 배치와 서로의 어우러짐, 그런 거 난 아직 몰라. 범종루에서 올려다본 안양루와 무량수전. 그 뒤 산의 곡선이 조화되어 아름다움의

극치라 이야기한다고 하지만 그 부분에 대해선 난 눈뜬 봉사여.

아내가 깼어. 에어컨을 꺼 달래. 틀면 좀 썰렁하고, 끄면 좀 덥고 그래 지금 날씨가. 일어난 김에 한잔하고……

인옥이……

아까 얘기한 하숙집 누이 말이야, 그 얘기 좀 더 해야겠어. 그 누이 덕에 스무 몇 해 전 내가 부석사에 왔었다고 이야기했잖은가. 그 집이 허름한 중국집이었고 주방장과 그 누이의 혼자된 어머니, 또 혼자된 언니의 그 조카가 초등학생이었을 거야. 좀 복잡한 집에 미혼이었던 그 누이가 실세이고 가장이었던 셈이야. 그녀가 왜 부석사에 날 데리고 갔는지 몰라. 어둑할 때 우린 부석사에서 내려왔고 돌아오는 길 버스에서 여기 다녀갔다는 말 아무에게도 하지 않기로 쉽게 합의를 했지.

군에 다녀와서 복직하였을 때 그 소도시는 몰라보게 발전하여 중국집은 헐리고 그 자리엔 거대한 아파트가 들어서 있었어.

어느 저녁. 시내에서 친구와 술을 마시고 있었는데 출입문 열리는 소리에 고개를 돌린 순간 그 누이가 들어오는 거야, 짧게 눈이 마주쳤어. 술집 주인과 몇 마디 나누고 나가는 뒷모습을 보면서 그제야 그녀가 인옥이 누이였고 내가 알은체를 하기도 전에 나가 버렸다는 사실을 깨달은 거야. 순식간의 일이었지.

주인보고 방금 다녀간 사람 누구냐고, 어디 사냐고 물었어. 씩 웃더니 옆집(상호는 생각나지 않아) 안 사장님이라고 가르쳐 주더군.

자리가 파하고 그 집에 찾아들었어. 그 누이가 거기 있었지. 나 알아보겠냐고, 아까 나 알아봤냐고 그랬더니 알아봤데. 말 마디마디마다 어색한 침묵이 흐르고 그나마 몇 마디 나눌 사이도 없이 안에서 부르는 소리에 금세 일어나 가더라고. 문득 비친 얼굴. 그려, 그 중국집 시절 주방장이었어. 누이는 그 주방장과 결혼을 했던 거야.

하숙하던 때가 고등학교 갓 졸업했을 때였으니까 학생같이 여겼던지 누이는 내게 자주 말했어. '세상은 보기보다 험하다, 결코 교과서에서 배운 대로 돌아가지 않는다.'라고. 그 주방장. 하숙 시절 몇 번인가 늦은 밤 술 취해서 혼자 된 그 언니한테 막말하고 대드는 거 몇 번 보았던 터라 익히 짐작이 가. 힘들어 보이던 인옥이 누이의 얼굴 아직도 눈에 선해.

또 한잔 마시고……

나 이 밤이 새면 돌아갈 거야. '이니스프리의 호도'란 시 생각나? 나 그렇게 돌아갈 거야. 거기 음봉산 야트막한 산등성이 잠들어 계신 아버지 산소 오가며 내 처지가 불우하다 탓하지 아니하고 너른 들, 소리 없이 흘러가는 미호천 강물처럼 유유히 살다 가려 하네.

홍천강물이 서둘러 흘러감이 갈 길이 멀어서가 아닐 게야. 내 사는 미호천 강물이 느릿하게 흘러가는 것이 어찌 바다가 가까워서일까?

낮은 곳으로 스스로 처할 줄 아는 존재들이 그 자리에서 가장 높은 것을 볼 수 있다는 안양루 오른쪽 켠. 스무 몇 해 전. 그 인옥이 누이가 거기 서 있었어.

저 먼 산 그 등허리가 하늘과 맞닿아 있음을 보면서 '외연과 내포가 가장 먼 양극에서 조화 통일을 이루는 것' 어찌 시에만 해당되는 말이겠어.

떠오르는 돌 옆에 위아래로 아주 오래전 선승의 깨달음으로 만들어 놓은 이 건축물은 정말로 아주 오래전부터 하늘과 땅과 화해하면서 서로 아우르고 살라 하고 어서 오라, 보아라, 이렇게 살아라……

지금 대략 오십 조금 넘었을 인옥 누이는 그렇게 살고 있으리라 믿고 싶어.

또 한 잔 마셔야겠네.

가는 길에 배를 타고 싶어. 오던 길 돌아서 월악산 자락.

산과, 하늘이 버린 물이 만나 가장 아름답게 하늘을 담고 있는 곳. 오다가 충주호 스쳐 지나면서 잠깐 봐 놓은 곳이 있어.

거기 가는 길은 배를 타야하고 다행히 거기에 배가 있었어. 나 거기 갈 거야 마흔다섯. 이 여름밤이 새면 술도 바닥이 나겠지. 술도 아껴야겠지만 지면도 좀 아껴야겠네. 준비해온 메모지 여분이 얼마 남지 않았어. 무작정 생각을 뱉어내고 그것을 글로 다 옮기기엔 남은 여백이 너무 적어. 적당히 궁핍한 것이 내겐 늘 견디기 알맞을 만큼의 긴장으로 다가오지. 어쩔 수 없이 이것을 즐기는 방법도 터득했고.

냉장고 열어보니 물이 세 병 있네. 술 마신 이후 갈증으로 다가올 미래에 대해 안도해도 되겠어. 이 러브호텔은 창이 참 멋이 있어. 여닫이 식으로 자그마한 창문인데 위엔 반원형으로 되어있거든. 그 자그마한 창문으로 홍천이 죄다 보여. 생각보다 크고 괜찮아. 아름다워. 하기야 방 한 칸 들여다보는데 열쇠 구멍 하나로 족하듯이. 세상을 내다보는 창도 크기가 문제가 아니라 얼마큼 다가가서 보느냐가 문제네그려.

참! 나 지금 '비더레즈' 셔츠 입고 있네. 사람들은 너무 짧은 시간 여럿이 입다가 약속이나 한 듯이 벗어놓고 입질 않아. 혼자 입고 다니기가 좀 그렇네. 다른 사람들도 다 나처럼 집에서만 입다가 나설 때는 벗어놓나? 하기야 세상에 의구한 것이 산천 말고 또 무엇이 있을 것이며 조석으로 변하는데 사람 맘 쫓아갈 것이 또 어디 있을라고.

주무시게, 나도 그만 잘테니까……

2002. 08. 06.

조강지처 전상서 - 마흔아홉 번째이거나, 스물다섯 번째이거나, 엊그제이거나

대략 2박 3일에 한 번씩 울리는 손전화가 온 것은 지난 금요일 오후 세 시경이렷다.

"안녕하시온지요? OO카드의 안OO이옵니다."

이 거이 또 스팸이로고! 혀를 차며 점잖게 거절하려는 참인데 상대방의 목소리가 너무 맑고 고왔구나.

"모레가 마님 생신인줄 알고 계시온지요?"

……

지난주 언제쯤인가 달력에 손가락으로 동그라미를 몇 번이고 그려가면서

"이날이 무슨 날인지 아시오니까? …… 부디 잊지 마옵소서!"

강조에 강조를 더하였건만 깜빡 잊고 있던 차에 '뜻깊은 날'을 카드사의 여인이 일깨워 줄 줄이야! 맑고 고운 목소리의 카드사 여인 일러 가로되,

"백화점에서 고가로 파는 제품으로, 기획 상품으로 저렴하게 내놓은 귀걸이와 목걸이이온데 귀댁 마님의 마흔아홉 번째 생신에 아주 잘 어울릴 것 같사와 권하옵나니 작심만 하시오면 축하 전문과 함께 보석 상자에 담아 보내드리오니 마님께옵서 원치 않으

시면 그때 반품하셔도 늦지 않으오리다."

내 달리 마련한 선물도 없거니와 명실공히 사반세기 스물다섯 해 동안 같이 살아온 해에 맞는 '특별한 날'에 '특별한 선물'을 어찌 마다하리오.

즉석에서 '그리하오만 너무 기대하지는 하지 마오.' 하는 것이 둘 중에 하나를 고르던, 둘 다 좋다 하던, 둘 다 마다하던 본인이 결정할 터이니 두고 볼 일이긴 하나 십중팔구는 둘 다 마다할 것이요. 이유인즉슨 지금껏 살아오면서 우리 내외가 주고받은 선물치고 이 가격의 반에 미치는 것도 기억에 잘 없으오이다.

"하오면 내일 받아보실 수 있도록 보내드릴 터이니 그리 아옵소서."

"딸깍" 하고 전화 끊는 소리가 흠칫 놀라리만치 크게 들렸던 연유는 보내라 허락한 물건이 기실 너무 고가였던 탓에 잠시 잠깐 귀신에 홀린 것이 아닌가 하였던 탓이라.

사무실 옥상에 올라 숨쉬기 운동 크게 두 번 하고 '사나이로 태어나서 할 일도 많다만……' 노래 한 곡 씩씩하게 부르고 나니 한결 마음이 가라앉으면서 얼떨결에 잘 저질렀다 하더라.

그날이 금요일이니 이튿날은 토요일이 되었더라. 여느 때와 다름없이 눈 떠지자마자 주섬주섬 가방 둘러메고 나간다. 늘 앉는 그 자리 낚싯대 펴고 앉아 미리 개어놓은 떡밥을 뭉쳐 던지고서 바라보니 건너편엔 더 부지런한 '미친 사람' 두어 명 자리하고 앉왔구나.

올봄부터 주말이면 내내 이렇게 강가에 나와 앉아 물고기 상대로 사기 치면서 깨닫기를 날이 밝아온다는 것은 어둠이 걷히는 것이 아니라 빛이 어둠을 밀어낸다는 것이라는 사실이라. 밀려난 어둠이 남기고 간 흔적들을 물안개가 설거지하듯 쓸어내기 시작하면 물고기들도 깨달음이 있는 듯 입질을 멈추더라. 때가 되었다는 생각에 낚싯대 거두기 시작할 적 문자, 하나 어김없이 날아온다.

"조반을 어찌하오리까?"

어서 오라는 재촉에 다름 아니기에 간단히 답하기를

"금세 가오리니 잠시 지체토록 하오."

오십 줄에 들어 시간을 죽이는 방법은 두 가지로다.

하나는 아주 고상하게 세월을 낚는다면서 강가에 앉아 물고기와 벗하는 일이요, 다른 하나는 아주 고상하지 않게 컴퓨터 앞에 앉아 생면부지의 상대와 고스톱을 치는 일이로니, 늦은 밥상 물리고 오전 잠깐 고상하지 않게 시간을 죽이고 있는데 인터폰이 울려온다.

"기이한 일이로다. 내 택배를 부른 적이 없거늘……"

내자가 나가는 기척에 올 것이 왔구나 하면서도 짐짓 모르는 체 정신은 거기 쏟고 고스톱을 칠라 하니 괜찮게 들어온 패 상대 점수만 올려준다.

"이게 대체 무엇에 쓰는 물건인고?"

한 아름 안고 들어와 옆에 앉아 살피더니 뜯어 볼 요량으로 칼을 찾아 거실로 가는구나. 그 사이 흘낏 쳐다보니 예의 그 카드사에서 보낸 것이 맞기는 맞는구나.

오래지 않아 다시 들어 온 내자가 상자를 뜯더니 웬 카드지 하면서 봉투 꺼내 읽는 듯 잠시 잠잠하더니 벌떡 일어나 뒤에서 끌어안고 고개 감아 입맞춤을 하는구나!

"어허 이런 망측한 일이 있나!"

"어이 불시에 소첩에게 감당 못 할 감동을 선사하시나이까?"

이것저것 한참을 걸어도 보고, 흔들어도 보고, 만져도 보더니 "하온데 이 귀한 것을 얼마나 주셨나이까?" 하고 묻는구나.

"임자에게 곧이곧대로 알려주면 까무러치기 십상이니 진즉 119에 전화해 놓기 전엔 말하지 않으리오."

눈에 들어온 금붙이가 좋으면 궁금증을 더하는 것이 가격인가?

자꾸만 조르는 통에 마지못해 일러주니,

"설마하니 그렇게까지 하겠나이까?" 하더니 금세 두 눈에 눈물이 그렁그렁하더라.

"내심 지난번 금 모으기 할 적 하나라도 남기면 나라 망하는 줄 알고, 많지 않은 금붙이, 임자 다그쳐 장롱 속속까지 뒤져 죄다 꺼내 바친 것이 훗날 못내 서운하고 허전하기 이를 데 없었던 차에 큰맘 먹고 저지른 일이니 기쁜 마음으로 거두어 주기 바라오!"

이렇게 이르고서 처음의 감동보다 가격 알고 난 뒤 후폭풍이 더 강력하게 작용하는 사실에 기이하다 여기면서 아녀자들에게 금붙이에 관한 한 정성보다 가격이 우선하여 감동으로 다가가는 것인가 하였더라.

'아무렴 어떠리오. 내 오랜만에 착한 일 한 번 했구나.' 하는 뿌듯함과 아무래도 너무 과용한 것 아닌가 싶어 아까운 생각도 반인 것이 짐작하길, 십중팔구 '소첩 오십 문턱에 이르도록 검약을 신조로 여기며 살아왔거늘 어찌 한시라도 이 귀한 것을 몸에 붙이고 맘 편히 지내리오. 소첩 헤아리는 마음만 깊이 간직하옵고 금붙이는 반품하오리니 혜량하소서!'

이런 기대가 여지없이 무너진 연유이기도 하다더라.

나이 들면 보이는 것에 집착하는 맘이 생기는갑다. 비싼 수업료 지불하고 또 하나 배웠구나. 씁쓸한 마음으로 하루를 보내고 이튿날 나갔던 아들들 속속 들어와 온 가족이 다 모였다. 해가 지기를 기다려 모처럼 그럴듯한 곳 찾아 허리끈 풀어놓고 잔뜩 먹고 마시면서 밤 깊은 줄 모르니 마흔아홉 번째 내자의 생일은 이렇게 지났더라.

이튿날이니 월요일이 맞는구나. 퇴근하는 길에 누군가가 국밥이 먹고 싶다 하여 휩쓸려 저녁을 해결하고 퇴근하였더라. 내자께옵서는 전에 살던 동네 아줌씨들과 늦은 생일잔치 차려 먹고 늦는다, 미리 기별 받은 터라 잠시 잠깐 팔순 노모 더불어서 옛이야기 듣다 잠자리에 들었더라.

늦게 귀가한 내자 기척에 잠이 깨어 다시 잠을 청하나 달아난 잠이 쉬 돌아오지 않는지라 문득 생각하기를 부와 처, 다 같이 산업전선에서 땀 흘려 일하는 산업 전사요, 계급과 보직을 떠나 조국 근대화에 이바지하는 공이 어찌 크고 작음이 있겠느냐만 저녁 먹고 늦는 날의 내자는 늘 미안하고 죄스러운 마음새와 표정이다.

옆에 눕는 아내 문득 정색하며 이르기를,

"어제 주신 목걸이와 귀걸이 말씀이온데……"

들어보나 마나로다. 내 그럴 줄 미리 짐작 못 한 바도 아니로다.

밤새 잠을 설치고서 부랴부랴 출근해서 직장동료 불러 모아 모르는 척, 묻는 척 자랑삼아 아니 늘어놓았겠나.

"사랑하고 존경하는 동지 여러분!

이거이 무엇인지 알것는가? 이거이 걸어나 보았는가?

생일 선물이라구 우리집 낭반이 나모르게 시켜서 엊그제 택배로 받았다네. 근디 이거이 얼마짜린 줄 아는가?

이거이 자그마치 물경 00짜리라는 거 아니겠나……"

쯧……

가깝고도 먼 게 산업 전우 아니겠는가?

땀 흘려 일할 적, 니 꺼 내 꺼 안 가리고 같이 헤쳐 나왔어도 내 없는 것 네게 있는데 어찌 시샘이 없으리오.

"혹여 값만 비싸지 실속이 없는 것은 아닌가?"

"알이 너무 작은 거이 워째 '뽄새'가 읎어 뵈네."

"그 거이 반값에도 그것보다 좋은 거 살 수 있을 것 같은디……"

얼떨결에 감동 먹은 탓에 잊었던 본전 생각이 어찌 아니 나겠는가?

"그런 연유로 반품하겠다, 이 말씀이오?"

"일전 20주년 때 사준 목걸이며 귀걸이 고스란히 다 있사옵고 이 값에 옷을 사도 몇 벌인데 값이 너무 과한 듯 하와……"

말을 맺지 못하더라.

"그 본전 생각- 나도 어찌 없을 수며 뜻이 깊기로서 돈이 아니 아까울 리 있겠소. 권한 사람 생면부지 모르는 사람이니 그 사람 말마따나 부담 없이 반품하오. 날 밝는 대로 전화해서 물러 달라 이르리다."

돌아 누워도 날은 밝아 오니 이튿날이 화요일이더라. 팔순 노모 들으실라 부엌에서 밥 짓는 내자에게 소리 낮춰 이르기를,

"그리 반품하면 그 돈 고스란히 도로 통장으로 들어오리다만 말 그대로 여기까지오이다. 삼 년 사 년 세월이 흐른 후에 애들 결혼에 상견례라도 할라치면 이 옷 저 옷 골라 입고 목걸이며 귀걸이며 옷에 따라 철에 따라 달리 걸고 달아야 '뽄때' 난다는 거 임자 아직 모르시오? 그때 가서 되받은 돈 흔적 없이 사라지고 그때 그 금붙이 그냥 잡고 있을 걸 후회한들 무엇 하오.

그래 금붙이 제값에 사고 제값에 지니려면 금덩어리 근수 달아 사놓으면 될 일이지 목걸이며 귀걸이에 반지 팔찌 왜 맹그나? 다 주는 사람 정성이요.

사반세기 같이 살아놓고 임자 어느덧 오십 문턱 곱던 얼굴에 느느니 잔주름이요 애처로운 마음으로 감사하는 마음으로 우리 한결같이 변치 말고 이와 같이 살고지고, 비싸지만 변치 않는 금붙이 정표 삼아 목에 걸고 귀에 달고 마음 하나 한결같이 살아보자 하였거늘……"

말이 길으니 팔순 노모 다가와서 이르시길

"아범! 아침부터 무슨 강연 하시는가?"

출근길에 전화번호 쪽지에 적어주며 이리 전화하면 이런저런 이유 들어 사는 것이 좋다 할 것이나 본인이 싫다 하니 두말 말고 반품 받아 달라고 하면 될 것이니 알아서 하도록 하오.

싫다 좋다 말없이 집 나서서 일 보는데 문득 문자 하나 날아오니 이때가 오늘 아침 열한 시 이십 분이로구나.

"소첩 일시 마음이 어지러워 영감의 깊은 뜻을 헤아리지 못하였나이다. 감사하는 마음으로 길이 간직할 터이니 그리 아시옵소서!"

내심 흐뭇하여 답하기를 '내 생전 그대 만나 살아온 세월이 꿈만 같고 그대와 더불어 살아가는 나날 또한 꿈만 같기를 앙망하오이다.'

2008. 09. 30.

명절 증후군이 있으시다구유?

명절 증후군이란 말이 있지유? 자시는 몰러두 지가 이해하기루는 이 땅의 주부님덜 명절 때 음식 장만이며 설거지며 손님맞이며 이런 것덜 생각만 해두 머리에 통증이 오거나 다리심이 빠지는 현상 내지는 증세를 일컫는 말인 거 같어유.

근디 쬐금만 생각해보문 지레 겁먹거나 잘못 이해한 디서 오는 정신적 스트레스지 그리키 머리 아프거나 다리심꺼정 빠질 일은 아닌 거 같은 게 말유. 해도 해도 끝이 나지 않는다는 부엌일? 과연 그럴까유? 지사 음식이란 것이 대개 과일, 채소, 탕, 적. 이런 것들인디…… 과일두 말유. 명절 때만 되문 필요 읎이 비싸니께 하나씩만 놓구유.

탕두 육탕, 어탕, 소탕. 적두 마찬가지루 육적, 어적, 민적, 대개가 일삼오칠구루 나가다 보니께 모냥 갖춘다구덜 즉어두 시가지씩은 하는디, 그냥 한 가지씩만 하기루 하는 거유.

과일두 그냥 하나씩 놓되, 다만 장만하는 디 있어서 정성을 세배루 하자 이거지유. 요는 음식 양을 줄이자 이건디유. 이리키 음식을 줄인다구 일거리가 눈에 띄게 주는 건 아니지유. 그리니께 담과 같이 해보세유.

일을 쪼개 주는 거유. 잠깐 예를 하나 들어 말씀 드리자문 전 부치는 거. 그거 해보문 질루 재미있구 쉬운 이유 시 가지 대볼까유.

첫째, 앉어서 하는 일이구, 둘째, 냄새가 좋구, 셋째, 먹어 가문서 할 수 있으니께…… 좌당간 피자에 질들은 애덜이 먹을 것 같지는 않으니께 많이 부칠 필요두 읎겄지유.

단지 주부님덜이 왜 여기서 스트레스를 받느냐? 다른 할 일은 많은 디 이게 진도가 잘 안 나가는 과목이거든유.

이런 거 남자덜 한티 멜겨유. 누구한티 멜기느냐구유?

고스톱 친다구 폼 잡다가 돈 다 떼이구 베란다서 담배 피우는 시동생이나 고스톱 못 친다구 소파에 앉어 티뷔보거나 비실비실 졸구 있는 작은 시아주버니 이런 사람덜이 지격이지유. 옛말에 절구질은 미친년한티 시키구 멧돌질은 병든년한티 시키라구 그랬잖어유. 굳이 분류를 하문 전 부치는 거는 멧돌과루다가 분류해야 디지 않겄어유?

하나만 더 예를 들어 디릴까유? 설거지 있잖어유. 이것두 쉬운 거유. 이유 시가지만 대 볼께유.

첫째, 특별한 기술이 필요읎는 단순 노동이구. 둘째, 겸해서 손꺼정 씻을 수 있다. 셋째 마무리 일이다 보니, 보는 사람덜 입장에서 혼자 일 다 한 것 같이 보인다.

이런 식으루다가 곰곰이 생각해보문 지금꺼정 여자덜이 하던 거 떼 줄 거 많어유. 상 피구 접는 거, 수저 놓는 거, 행주질 등등……

그리키 떼어 주구두 남은 일덜이 다 쉬운 거는 아니지유. 요는 좀 심들어두 우리 조상님덜이 또 우리 가족친지덜이 먹을 음식이 다 생각을 하구 하다 보문 두통 보담은 보람이 먼저 올티구 또 말씀디린대루 밥값두 못하문서 폼잡구 있는 남자덜 한티 적당량 떼주어, 짐을 덜어보자는 거지유. 이걸 요샛 말루 '아웃소싱'이라구 하는 거 같은 디 맞는지는 몰르겼구유.

우리 집 남자덜은 어림읎다구유?

껍질을 깨는 아픔 읎이 어찌 새새끼덜이 하늘을 날 것이며, 저보덤두 더 잘 아시겄지만 산고의 고통읎이 어찌 새 생명이 빛을 보겄냐구유.

일치단결, 일사불란 국회으원덜 법안 날치기 통과시키드끼 메누리덜, 시집 안 간 시누이덜, 큰딸년 작은딸년 시어머니까지 좌당간 변기 뚜껑 제끼지 않구 오줌 눟는 사람덜 죄다 벌떼 같이덜 일어나서 궐기하면 되지 않겄어유? 좌당간 집안마다 형편에 맞게 요량껏덜 해보세유.

이리키꺼정 했는 디두 두통이 가시지 않는다거나 여전히 다리심이 빠지시는 분덜은 아마두 원인이 명절하구는 무관한 거 같으니께 가까운 병원 가셔서 전문의와 상담덜 하시구유.

담엔 친정 나들이 말씀인디유.

이거 지가 말씀디리기가 상당히 조심스러운 게 말유. 작년 추석인가, 올 설인가 이거 생각읎이 글 몇줄 올렸다가 디지게 혼난 적이 있거든유. 잠시 생각덜 해보자구유.

명절증후군에 대한 원인을 단기간 집중되는 노동과 손님접대 크게 두 가지에 있다는 전제하에 노동에 관한 문제와 해결책에 대해서는 지금꺼정 말씀디린 바와 같구유.

손님 접대…… 참 껄그럽지유? 잠시 여기서 각을 한 번 설해 갖구유. 추석이다 설이라는 이런 명절 날짜 정해놓구 쉰 것이 어제 오늘 얘기가 아닌디. 왜 요즘 들어 친정집 나들이가 급속도로 번졌을까유? 맘이야 조선 시대 이전부터 있었지만, 맘 먹구 할 수 있게 된 것이 아마 다덜 차 한 대씩덜 갖추구 살게 디구부터 아닌가 그런 생각이 드네유.

친정 가까이 두구 사시는 분덜 짬내서 댕겨오시문 참 좋겄지유.

오해는 하시지덜 마시구 단지 이론적으두가 말씀을 디려보문 그리키 친정에 전부 가기루 한다문 친정에 가문 누가 있을 것 같냐 이거지유? 친정읎는 올케 있을까 싶지 않으니께 올케두 오빠 앞세워 친정갔을티구 친정엄마 또한 아부지하구 외가에 가셨을 티구…… 빈집이네유?

설령 친정 읎는 올케 하나 용케 집 지키구 있다손 치문 그 올케 한티는 껄끄러운 시댁 손님 아니겄나…… 현실하구는 좀 거리가 있는 말씀인 줄 알지만 생각덜 해보실 필요는 있다구 보구유.

양가 부모님 찾아뵙구 인사디리구 감사한 마음 평소 못다 한 효도 하는거 참 좋지유.

근디 혹여 친정 갔더니 증말루 올케두 오빠디리구 친정 갔을지 몰르니께 또 친정 못 간 올케가 집지키구 있다가 친정 오는 시누이 내외 보문 친정 생각하구 눈물질지 몰르니께, 집에서 먹다가 맛있는 음식 우리 남자덜이 조금 꿍쳐 뒀다가 싸갖구 가서 처가 가서 나누어 먹다 보문 친정 부모한티 못한 효도하게 디구 친정 못 간 처남댁한티 점수 따서 꼭 내다보구 하는 건 아니지만 먼 훗날 장인 장모 돌아가시구 나문 대접해 줄 사람이 처남댁이라는 것두 염두에 둘 필요가 있으니께 그리키덜 한번 해보시문 어떻겠나 하는 생각이 드네유.

가뜩이나 해체디는 가정이 늘어나구 형제 동기간덜 찌리두 소원해지기 쉬운 요즘 세태, 좀 어렵구 심들더래두 적당히 나누어서 친정이구 시댁이구 왔다 갔다 하문서, 또 일이구 놀이구 간에 남녀노소 가릴 거 읎이 우르르 몰려왔다 몰려덜 댕기문서 헤쳐 나간다문 가족이란 끈끈한 정 느낄 수 있구 이전보담 좀 간소하게 잡수신 조상님덜 저세상에서 흐뭇한 맘으로 지켜보시지 않겄나……

이리키꺼정 말씀을 디렸는 디두 증세가 호전 디지 않는다? 별 수 있겄어유. 올라 오실 적에 생각하기를 '즉어두 내년 설 때꺼정은 이런 고생 할일 읎다' 이리키 생각하문 좀 홀가 해지지 않겄어유. 세상만사 맘먹기 달렸다는디 피해가거나 돌아갈수 읎는길은 일찌감치 바지 걷어붙이구 첨부덩 대문서 건너는 거 말구 별 뾰족한 수가 읎더라구유.

좌당간 추석덜 잘덜 쇠시구유, 올라 오실 적 차덜 조심하세유,

2003. 09. 10.

설 앞둔 맏메누리덜 한티두

언제 적이던가 모르겄네유. 집에 큰눔이 지 에미한티 그러더라구유. 왜 다른 사람덜은 다 방 안에서 먹고 노는디 엄마만 부엌에서 일하느냐구유. 좀은 억울한 표정으루 그라는 큰눔을 옆이서 바라보문서 '이눔이 어느새 이리키 생각이 깊어졌나?' 그런 생각두 들었구유. 혼자 동분서주하는 아내 바라보문서 애처롭기두 했구유. 실은 저두 남정네 중의 하나라 잘은 몰러서유. 뒤에 아내한티 물어보니께 그러더라구유.

부엌살림이라는 것이 그 '맨날 부엌에서 사는 사람' 배끼 몰르잖어유, 챙기름이 어디 있는지, 들지름이 어디 있는지. 손아래 동서 보구 가져다 달라문 그거 찾느라구 한나절. 그러다 보니 아는 사람이 그냥 하는 게, 그리니께 '부엌에서 사는 사람'이 그냥 하는 게 속 편하다 그러더라구유.

그리타구 맨날 그리 속 편하지만은 않겄지유. 때로는 야속하기두 하구 속상할 때두 있을 거유. 근디 미운 정이 묵으문 고운 정 디구유. 그래두 언젠가는 그 정덜이 쌓이구 쌓여서, 그래두 우리가 넘들보다 가차운 동기간이라는 거, 그냥 느끼구 깨닫구, 그리키 사는 거 같어유.

아내가 또 한 번 이런 얘기두 하더라구유.

나가 있는 형제 동기덜 오문은 이것저것 쪼개서 먹거리 싸주시는 엄니가 야속하다구 그러더라구유. 하다못해 마늘을 한 접 주더래두 좋은 걸루 골라 주구 하다 보니께, 치리기만 남구 그러니 우리는 맨날 찌그리기나 먹구 산다구. 작년 추석이었던 게 비네유. 엄니가 바쁘셨던지 아내한티 그러시더라는 거지유

"에미야! 광 시렁에 걸린 마늘 한 단만 막내네 차에 실어줘라."

아내가 사랑 광에 들어가 보니 마늘 두 접 있더래유. 하나는 실한 거구, 또 하나는 좀 션찮은 거 걸렸더라는 거유. 근디 근디 말유. 우리 아내 그거 하나 떼어 줘야 디는 디, 손이 그 실한 마늘단으루 가더라는 얘기지유. 그때 비로소 깨달았다는 거유.

엄니의 마음을, '아! 그래서 그러셨구나.' 하구유.

나가 있는 아들, 메누리덜. 어쩌다 명절날 와서 선물 보따리 풀어 놓으며 자랑 늘어놓는 거. 때로는 속상하구 꼴사납게까지 보일 때 있어유. 솔직히 그 보따리 속에 집이서 대표로 고생한다구 만동서 속옷이라두 한 벌 껴넣어 갖구 오문 좋겄는 디..

근디 엄니 그러시더라구유. 그런 거 일 년에 두어 번 하는 거 누구나 할 수 있는 거라구유. 맨날 조석으루 부디껴 가문서 목마를 때 물 한 잔 떠주는 디리구 있는 그 '맨날 부엌에서 사는 사람'이 질루 미더운 메누리라구유.

사람 맘이라는 게 좀 요상한 디가 있네비유. 복작거리다가 썰물 빠지듯이 빠져 나가문 한 편 시원하기두 하구, 한 편 허전하기두 하구 그런 거 있잖어유. 설거지에다 그릇 정리에다 할 일이 태산

인디, 좀 더 눌러 있으문서 그런 거 찬찬히 거들어 줬으문 좋겠는디. 나 몰라라, 차 멕힌다, 부산 떨며 서둘러 가는 거 바라보문 서운할 때두 있겄지유.

그 '맨날 부엌에서 사는 사람' 그리키 말하잖어유.

"에구! 갈 사람덜 얼릉 가야지. 차 멕히기 전에……"

물론 남은 뒤치다꺼리 혼자 다 해야 되겄지유. 아니, 하문서 그랬던가유? 다 가구 나니께 속편하다구……

가는 사람덜 어찌 먹거리만 챙겨서 가겄어유? 등 떠민 손윗동서의 체온 등허리에 느끼문서 혹은 트렁크에서 새어 나오는 '먹거리' 냄새 맡으문서, 그 징글맞은 차멕힘 속에서두 죽어라구 고향 댕겨가는 사람덜이나, 앉은 자리에서 맞고 보내는 사람덜이나 가슴 뿌듯이 밀려오는 거이 어찌 트렁크에서 새어 나오는 그 먹거리 냄새 뿐이겄구만유……

2001. 01. 19.

미호천에서 부치는 편지- 용산 참사를 지켜보며

근자에 미호천 얼음장 밑에 붕어가 창궐한다는 소릴 듣고 허구한 날 손도끼 챙겨 들고 나가 구멍 뚫고 낚싯대 드리우고 앉아 물 밖으로 붕어 빼내는 재미가 자못 쏠쏠하여 세상사 잠시 잊고 즐겼더니 영하의 찬바람 타고 도회지에서 모진 소리 들려온다.

경국대전에서도 그러하고 관습 헌법상으로도 그러하고 옮기려야 옮길 수도 없는 우리의 수도 서울 용산 도심 한복판에서 이른 아침에 사람 여섯이 죽어 나갔다.

재개발하기로 했단다. 부득이 삶의 터전을 '내놓아야 하는 사람들'에게 '접수하는 사람들'이 얼마를 어떻게 나누어 주어야 일일이 그들의 성을 채울 수 있을까마는 그 동네 사람들 사는 형편이 각각이듯이 어떤 이는 흡족한 표정으로 또 어떤 이는 서운하지만 됐다 싶은 얼굴로 보상금 받아들고 동네를 뜨기도 했단다.

그중에 정말 서운하고, 이건 아니다 싶어 이참에 제대로 한번 따져보자는 사람들이 있었던 모양이다. 그렇다고 이 촌부한테 따지지는 말자. 그냥 바람결에 주워들은 얘기 여기다가 붙여보고 저기에다가도 붙여가며 어렴풋이 짐작해서 하는 말이니 맞으면 맞다 아니면 이건 이런 것이고 저건 저런 것이다 밑에 댓글 달아주면 고개 끄덕여가며 깨달을 따름인 바.

생각건대, 대저 '흥정'이란 것이 제대로 되지 않으면 시나브로 내세웠던 논리나 경우를 뒷전으로 물리고 감정을 앞세워 목청 돋궈가며 일방으로 치닫다가 급기야 멱살잡이까지 이르게 되는 것이 다반사고, 이것 또한 사람 사는 세상 구름처럼 왕왕 일어났다 스러지는 일 아니겠는가?

이 '아니다 싶었던 사람들'에게 있어 '흥정'의 대상이 '삶의 터전'을 놓고 하는 것이다 보니 피차 얘기가 잘 안되었던 모양이다.

목소리가 커지고 감정이 격해지고 동네가 시끄러워지는데도 정작 일을 벌여놓은 수도 서울의 관공서 나리들은 뒷짐 지고 나 몰라라 하고 있으니 양쪽에서 각기 편을 들어줄 사람을 찾았던 것은 당연해 보인다.

이와 관련하여 '전철연'이 뒷전에서 무엇을 했으며 '용역업체'들이 앞에서 어떻게 했는지 도회지 남녀노소 구척장신에 삼척동자들 다 아는 얘기니 촌부 주제에 굳이 되풀이할 일은 아니다.

요는 '흥정'이 '싸움'으로 바뀌었다는 것이고, 이 마당에서 누가 잘하고 잘못하고를 떠나서 싸움 났다는 소릴 듣고 이를 말리고자 민중의 지팡이들이 대거 몰려갔다는 얘긴데. 세상 살면서 싸워본 적은 없어도 싸움 말려본 적 없는 사람 있겠는가?

세상사 다 순서가 있는 법.

일단 양편을 갈라놓고 물 주전자도 건네주고 술 주전자도 건네주어 가면서 '참으시게, 참으시게 지는 게 이기는 거 아니겠나.'

양편 오가면서 어르고 달래, 부릅 쥔 주먹 펴서 악수하게 만들라고 보냈더니 '용역' 편들어 '철거'를 궁지로 몰아넣다, 그 와중에 여섯, 소중한 생명이 불길에 스러졌다는 가슴 아픈 얘기.

이것이 찬바람 타고 촌부가 주워들은 소싯적 국어 숙제로 늘 다루던 '전체의 대강' 내지는 '전체의 줄거리'가 아닌가 싶다.

언젠가는 죽어야 하는 것이 이 세상 살아있는 사람들의 운명이다. 같은 죽음이라 할지라도 죽지 않아도 될 죽음을 맞이한 죽음이 더 서럽고, 같은 죽음이라 할지라도 젊은 사람의 죽음이 더 가슴 아프다. 같은 죽음이라 할지라도 가난한 사람의 죽음이 더 애달프다.

앞뒤 아직도 분간키 어려운 이 촌부의 가시지 않는 의문은 이 추운 계절 이른 아침에 이처럼 서럽고 가슴 아프고 애달픈 죽음을 부른 것은 누구일까?

독 오른 철거민의 폭력시위였을까?

섣부른 진압을 결정하고 시도한 경찰 수뇌부였을까?

유명을 달리한 여섯, 우리 이웃의 명복을 빌면서. 우리가 죽을 때까지, 아니, 죽을 줄 모르고 목을 매는 경제적인 부와 권력과 명예보다도 사람의 생명보다 더 소중하고 우선해야 할 것은 아무것도 없다는 지극히 당연하고 상식적인 원칙이, 언제 어느 때고 힘없고 가난한 사람들 편에 늘 바람 벽해 있는 사회.

이 촌부의 꿈은 헛된 것일까?

2009. 01. 29.

바로보기에 대한 단상

국방부 시계만큼이나 냉큼 돌아가지 않는 것이 병원 시계다.

다섯 명의 환자와 그만큼의 보호자 내지는 간병인으로 옹색한 병실을 빠져나와도 마땅히 갈만한 데라고는 간호사실 옆에 있는 손바닥만 한 휴게실뿐이다.

거기도 잠시.

몇몇 사람들 몰려와 티브이 볼륨 잔뜩 올려놓고 들여다보거나, 손전화기 꺼내 높은음으로 통화하는 원치 않는 소리 듣는 것도 고역이다.

문득 2층에 아주 깔끔하고 커다란 휴게 공간이 있다는 생각에 그리로 내려갔다. 내친김에 물 한 잔 마시기 위해 정수기로 갔다가 옆의 잡지 거치대에서 병원에서 발행하는 얇은 잡지 하나 꺼내 들었다. 보노라니 이곳 의사 한 분이 스탠퍼드 대학으로 연수 다녀온 글에 다음 한 구절이 눈에 들어온다. 요는 그 대학의 설립에 관한 비화이다.

옮겨보면 스탠퍼드라는 돈 많은 그러나 검소한 늙은 부부가 사고로 젊은 나이에 세상을 떠난 아들을 기리기 위해 재산을 하버드 대학에 기부하기로 하고 학교를 찾았다.

그러나 정문을 지키던 수위는 총장의 면담을 청하는 허름한 차림의 노부부를 경멸하면서 '총장님은 당신 같은 사람들을 만날 정도로 한가한 사람이 아니다.'라면서 문전박대를 했다는 것이고 마음 상한 노부부는 자신들이 손수 대학을 세우기로 하고 돌아와 세운 학교가 스탠퍼드 대학이라 했다.

뒤늦게 이 사실을 안 하버드대학에서는 정문에 '사람을 외모로 취하지 말라!(Don't show favoritism!)'라고 크게 써 붙였다는 이야기.

지난 수요일 이른 아침.

침대에서 내려오시려다 낙상하신 어머니께서 119차에 실려 이곳 병원으로 이송되었고 진단 결과 아주 불운하게도 고관절 골절이라는, 그래서 인공관절로 대체하는 큰 수술을 받으셨다.

완치까지 상당한 시일이 걸려, 적어도 한 달 가까이 이곳에 계셔야 한다.

병실은 5인실이고 환자 대부분이 어머니와 연세도 크게 다르지 않고 이곳으로 오게 된 사연도 크게 다르지 않을 뿐만 아니라 갓 전입 온 신입 어머니를 제외하고 수행비서 인양 간병인을 하나씩 두고 있었다.

돈 벌 목적으로 하는 일 중에 힘들지 않은 일이 없지만 생면부지의 사람을, 그것도 노령에다 거동이 매우 불편한 사람을 24시간 밀착하여 밤낮으로 시중을 든다는 것만큼 힘든 일이 있을까? 요즘 며칠 병원을 오가면서 새롭게 발견한 사실은 그런 간병을 하는 분들이 단지 돈을 벌 욕심으로만 해낼 수 있는 일이 아니라는 것이다. 돌보고 있는 자신의 환자에 대한 연민과 사랑 없이 그 일을 한다는 것은 불가능해 보였다.

그것을 반증이라도 하듯 맞은편 침대에서 시중 드시는 간병인은 환자 대하기를 마치 친어머니 대하듯 온갖 정성을 다하여 돌보는 것이 얼핏 보면 친 모녀지간이 아닌가, 착각이 들 정도였다.

그런데 또 다른 환자의 간병인 한 분은 '외모'로 판단하건대 예의 그 두 분에 비해 그렇게 보이지 않았다. 하루 이틀 병원에 계실 것도 아니고 해서 우리도 간병인을 쓰기로 결정한 마당에 저런 분이 걸리면 어쩌나 싶게 그분의 외모에서 풍기는 인상은 어딘지 모르게 어설프고 잘 해낼 수 있을 것 같지 않아 보였던 것이다.

같은 생각, 같은 걱정을 하면서 어제 병원에서 밤을 새운 누나에게로부터 문자가 왔다.

"간병인과 교대하고 집으로 가는 중인데 인상도 좋고 괜찮은 분 같아!"

한편 안심하면서 과연 외모로 사람을 취(평가, 판단)해서는 안 되는 것일까?

아내에게 물었더니 40 이후에 자신의 얼굴에 대해 책임을 지라는 말도 있거니와 자신의 생각으로 80%는 사람이 지닌 인격이나 품성, 품고 있는 생각이 외모로 표출된다고 생각한단다.

단지 사람들이 그것을 제대로 보려고 하지 않고 옷차림이나 지니고 있는 가방, 몸에 붙이고 온 금붙이 또는 타고 온 자동차 등

외모만 보고 판단하고 평가하기 때문에 종종 오류를 범하는 것은 아니냐고 내게 되묻는다.

시일이 좀 지나면 판명이 나겠지만 예의 그 부족해 보인다고 느낀 그 간병인에게도 내가 보지 못한 '진가'가 있을 터인데 하버드대의 수위처럼 보이는 것을 보지 못한 것은 아닐까?

불교에 '팔정도'라는 것이 있고 그중에 으뜸이 '정견' 즉 바로 보아야 한다는 가르침이 종일 발아래 차인다.

덧붙여 이 시간 병상에서 사고와 질병으로 고통받고 있는 우리 어머니를 비롯한 모든 분들의 쾌유를 빌면서 특별히 그들의 아픔과 가족들의 시름을 덜어주기 위해 무한 사랑과 연민으로 보살펴 주고 계시는 모든 간병인들에게 신의 은총이 함께 하시기를 두 손 모아 빌어본다.

2014. 05. 15.

선인장에 대한 추억

뜨락(뜰)은 물론 안마당까지 시멘트 콘크리트로 범벅을 해놓은 내 살던 시골집에서의 생활 중 아직도 생생한 기억이 하나 있으니.

중학교 때쯤으로 기억이 되긴 하지만 학년을 기억할 수 없을 정도로 까마득한, 그리하여 누구에게 얻었든지 또한 기억이 가물가물한 옛날에 엄지손가락만 한 선인장 여러 송이가 내게로 왔다.

화분도 없었고 구멍 난 타리박(두레박)에 뒤꼍에서 퍼 온 황토흙을 담아, 심어 놓고 지극정성으로 돌본답시고 물을 자주 주었었다.

이윽고, 급기야, 마침내, 드디어, 종당!

선인장은 뿌리가 물러 뇌사상태에 빠지기에 이르렀다.

그제야 누군가가 일러 가로되 선인장은 발가락에 콧구멍이 있어 물을 주면 숨을 쉬지 못해 바로 익사한단다.

일백오십만(충북 도민) 선사모(선인장을 사랑하는 사람들의 모임)들의 오열 속에 삼일장으로 후히 장사 지내 시멘트 콘크리트 마당가에 팽개쳐 두었는데, 하늘도 무심치 않았던지 이후 한 달간 비 한 방울 내리지 않는 나날이 계속되었던 것이다.

그러던 어느 날.

학교를 파하고 대문 열고 들어선 그 엄청 뜨겁던 여름날.

이렇게 무더운 여름 한 낮, 뜨거운 햇볕에 달아오른 콘크리트 시멘트의 복사열이 열린 창을 통해 방안에까지 드라이기 출구에서 나오는 더운 바람처럼 들어오는 날이면 마당가 수도꼭지 열어 달아오른 시멘트 콘크리트 안마당을 식히는 것이 유일한 피서 책의 하나였던 그 시절,

내가 맡은 주요 일과 중의 하나였던 그 과업을 수행하기 위해 뜨락으로 나섰던 그날,

수도꼭지 비틀어 열고 호스 끝을 손으로 죄여 물줄기를 멀리서부터 점차로 가까이 때론 가까이에서부터 멀리, 골고루 물을 뿌려 가던 중, 마당가 옆으로 뉘어진 그 타리박에까지 물줄기가 가게 되었는데.

이미 영면하신 지 오래되었으리라 여겼던 그 선인장의 낯빛에 생기가 넘쳐나고 있음을 발견하였던 것이었다.

물 뿌리기 작업을 중지하고 달려가 살펴본 즉.

경이로워라!

어쩌면 이럴 수가 있을까?

촛농도 녹여낼 그 엄청난 시멘트 콘크리트 열기 속에 오래전, 저 세상 물 없는 곳에서 다시 태어나라 염원했던 그 선인장이 이미 말라 안마당 시멘트 콘크리트 못지않게 딱딱하게 굳어진 황토에 굳건히 뿌리내림으로써 찬란하게 부활했던 것이다.

생명의 끈질김에 대한 경이로 인해 부르르 진저리 쳤던 소년은 가까스로 옷깃을 여미고 경건한 마음으로 기도하기를

"다시 되돌려주심에 감사하나이다!

앞으론 죽었다 하여도 죽지 않았음을 믿사오며 죽은 것 중에서도 다시 살아나는 것도 있음을 믿겠나이다!"

2009. 05. 11.

슬픈 조강

날이 더 추워지기 전에 팔순 노모 바깥바람 좀 쐬어 드려야겠다는 아들의 효심과 결과에 관계없이 임용고시 치르느라 욕본 아들 바깥바람 좀 쐬어 주어야겠다는 어머니의 기특한 모정이 묘하게 합쳐져 네 식구가 집을 나선 것이 지난 토요일 아침이었다.

벼 베기 끝나 허허로운 들판 따라 조치원, 공주 거쳐 칠갑산 휴게소에 이르러 급한 일 없으니 서두를 일 없었다. 새로 생긴 흔들다리 놓인 저수지 바라보며 숨쉬기 운동 한 번 크게 하고 한 잔에 일천 원짜리 원두커피도 폼 나게 마셔가면서 쉬엄쉬엄 도착한 대천항.

바다는 황해답지 않게 푸르고 바람 한 점 없는데 햇볕은 봄날의 그것처럼 따사롭기 그지없다.

여기저기 오라는 데는 참 많은데 선뜻 가지를 못하다가 고무다라이 속에서 순서 기다리는 돔과 눈이 마주쳤다. 광어와 도다리 각 한 마리씩 찬조 출연한 점심 상 받아 매운탕에 소주 두 병 끼워 배불리 먹고 지천으로 널려있는 꽃게 전년 대비 반값도 안 된다며 한 자루 사 담고 모양새는 다르지만 값싸기는 마찬가지인 대하까지 잔뜩 사서 차로 돌아오는 길.

아까부터 오른쪽 발이 꿉꿉한 것이 여간 껄적지근한 것이 아니어 가던 길 멈추고 신발 벗어 들여다보니 양말은 젖어 있고 신발 바닥은 앞부분이 쩍 하니 갈라져 있다.

"꽃게가 반값이라더니 신발이 돈 달라고 입 벌리네 그랴!"

아파트 입주 이후 식탁 다리가 휘어질 걱정, 처음으로 하면서 꽃게찜에 대하구이에 밤 구운 것까지 배 터지게 먹고 마감 날짜 다가오는 서울우유 하나씩 배급받아 입가심하고 나서 일찌감치 자리에 들어 누우니 숨쉬기가 여간 힘든 것이 아니면서도 오래전부터 꿈꾸던 행복이란 것이 바로 이런 것이구나 하였다가 스스로 잠이 들었다.

어제의 내일이 오늘이었던 고로, 오늘 새로이 떠 오른 해로 새아침이 밝았다.

식구끼리 둘러앉아 아침을 먹으며 어제의 그 잔잔한 바다와 따사로운 햇살과 혀에 감기던 회의 그 감칠맛과 새로이 친해진 꽃게찜과 새우구이 등에 대해 이야기하며 또 밤새 감당하기 버거웠던 흐뭇함에 절로 행복해하면서 아침을 끝내고 산책이나 가자면서 안해와 거실을 나서 신을 신으려는데 문득 어제 바닥 벌리며 돈 달라던 신발이 눈에 들어온다.

신발장을 열어보니 내 신발이라곤 안동 갈 적에나 꺼내 신는 구두와 등산화 한 켤레뿐이다. 급한 대로 눈에 띄는 운동화 하나 꺼내 신으려 하는데 옆에서 지켜보던 안해가

"그거 작은 아해가 아끼는 운동환데…"

도로 올려놓고 옆에 운동화 내리려는데

"그건 큰 아해꺼잖아요!"

……

도로 올려놓고 가까스로 일전 상갓집 상여 매고 얻어 온 길거리 표 운동화 챙겨 신고 나서면서 어제 그 신발 주워 들고 '이건 버려야지……' 하는데 옆에서 기겁을 하면서 또 안해가 한 말씀 하신다.

"위에는 멀쩡한데 버리긴 왜 버려요. 비 안 오는 날 신으면 되지…"

2010. 11. 02.

쌀 직불금, 핵심 잘못짚었다

작금의 언론 보도를 보노라면 귀가 얇은 탓인지 몰라도 금방이라도 나라살림이 거덜 날 것 같아 심란하기 그지없는 판에 아닌 밤중에 홍두깨 식으로 온 나라가 쌀 직불금 문제로 난리법석이다.

그런데 이 촌부, 가만 귀를 열고 들어 봐도 여야 정치인은 물론이고 언론에서도 이 문제의 핵심을 정확히 짚어내지 못하는 느낌이다.

듣자 하니 보건부 차관인가 하는 양반이 농지를 소유하고 있었던 모양이다. 차관이라는 자리가 좀 바쁜 자리이겠는가? 하여, 직접 농사를 짓지 못하고 부득이 누군가에게 임대를 했다는 얘긴데. 그럴 경우 직접 농사를 짓는 임차인이 가져가야 할 쌀 직불금을 임대인인 차관이 수령하였다 하는 얘기이고, 덧붙여서 이렇게 농지를 소유하고 있으면서 직접 농사짓지 아니하고 임대를 놓아 직불금을 수령한 이들 중에서 공무원만 물경 4만 명에 이른다는 것이다.

이에 대한 세간의 여론을 줄여서 정리하면 농촌에 살면서도 내 땅이 없어 남의 땅을 빌려 어렵게 농사를 짓는 농민에게 돌아가야 할 쌀 직불금을 도회지 돈 많은 땅 주인이 자기가 지은 양 하면서 가로챘으므로 사기죄에 해당하며 도덕적으로도 큰 문제가 있는 것이다.

틀린 말은 아니다. 아니 백번 맞는 말이다. 그런데 차관이라면 살림살이가 그리 궁색하지는 않을 터, 직불금이란 게 대체 얼마나 되는 돈이기에 그런가?

지면의 제한도 있거니와 직불금 성격상 박아놓은 돈이 아니래서 정확히 말씀하긴 어렵지만 최근 고정 직접지불금 지원기준으로 농업진흥지역 안의 경우 Ha 당 74만 6천 원이다.

미터법으로 감이 쉬 잡히지 않으니 2천 평, 즉 열 마지기에 대략 50만 원 정도 되겠다.

크다면 큰돈이고 적다면 적은 돈인데 '있는 사람들'이 양심 접고 가로챌 만큼 큰돈은 아니지 않은가? 그럼에도 불구하고 차관부터 앞장서서 줄줄이 왜 저렇게 많은 사람들이 그 돈을 가로챘을까?

오랜만에 '있는 사람들' 편 좀 들어주자!

임대인과 임차인.

주택이건 빌딩이건 하다못해 맑은 물 걸러 마시는 정수기에 이르기까지 있는 사람이 없는 사람에게 조건부로 빌려주고 빌려 받는 것은 농지도 예외는 아니다.

논을 임대할 때 어떤 조건으로 하나?

아주 오래전엔 반반씩 나누어 가지는 '반타작'일 때도 있었다.

최근 들어 요즘 날씨처럼 곳에 따라 다를 수도 있겠으나 아마도 마지기당 쌀 한 짝 정도가 주류인 것으로 안다.

그러면 마지기당 쌀은 얼마나 수확하는가?

논에 따라 날씨에 따라 농사짓는 기술에 따라 다르다. 대략 세 짝 반에서 드물게 다섯 짝까지도 나온다. 그냥저냥 네 짝 정도로 잡으면 무난하겠다.

노파심에서 짚어 말씀드리면 한 짝이라 함은 쌀 80kg을 일컬음이다.

짐작하시겠는가?

한 섬지기, 엄청 넓은 땅에 농사지으면 쌀 80짝을 수확하는데 대략 1,360만원.

직불금 100만원 보태면 1,460만원.

여기서 나가는 돈은 씨나락 값부터 농약값, 못자리부터 시작해서 모내기, 벼 베기, 도정 비에 이르기까지 줄줄이 나갈 것 제하면 얼마 남겠는가? 이것을 임차해서 지었을 경우 여기에서 대략 1/4을 감해야 한다.

이것이 농촌에서 남의 땅 빌려 농사짓는 사람들의 현실이고 보니 그리 머지않은 과거 누군가가 이런 마당에 농지마저 투기의 대상이 되어 도회지 사람들 손에 들어가면 어찌하겠는가 하는 고민이 있었던 모양이다.

그래서 돈 많은 도회지 사람들이 농지를 투기의 대상으로 삼지 못하도록 대못질'을 해놓았으니 혹여 들어는 보셨는가?

'조세특례제한법 제 69조'

요는 농사를 짓기 위해 농지를 구입하려는 사람이면 몰라도 단순히 '땅을 사랑하기 때문에' 농지를 구입하는 사람은 이 농지를 양도할 때 양도소득 금액의 60%를 세금으로 내야 한다.

왜 차관까지 하는 양반이 농지를 구입했느냐는 물음엔 일전에 누군가가 어록에 이미 새겼듯이 '비록 일시 공직에 몸담고 있으나 땅을 지극히 사랑하는 고로 후일을 기약하여 마련했노라'로 가름하자.

그럼에도 불구하고 예외 없이 농지가 소재한 지역에서 최소 8년 이상 직접 농사를 짓지 아니하고 양도할 경우에 양도 소득의 60%를 세금으로 내놓아야 한다. 이른바 8년 재촌 자경 요건을 마련해 놓은 것이다.

이리공 뎌리공 하야 땅은 마련하였은져 챙기고 나갈 적 60% 세금은 또 어찌하릿까?

차관의 경우처럼 '있는 사람들'이 '없는 사람들'이 가져가야 할 직불금을 눈물을 머금고 가로채야만 하는 눈물겨운 사연이 여기에 있는 것이다.

좀 더 자세히 들여다보면 그 요건은 다음과 같다.

① 소유자가 취득일부터 양도일 사이에 8년간 농지가 소재하는 시·군·구(자치구인 구를 말함)와 그와 연접한 시·군·구, 또는 해당 농지로부터 직선거리 20킬로미터(2008.02.22. 이후 양도하는 토지분부터 적용함) 이내의 지역에 거주하면서 그 소유농지에서 농작물의 경작 또는 다년성 식물의 재배에 상시 종사하거나 농작업의 2분의 1 이상을 자기의 노동력에 의하여 경작 또는 재

배한 사실이 있을 것.

② 양도일 현재 농업 소득세 과세대상인 농지일 것.

③ 양도일 현재 특별시, 광역시(광역시에 있는 군 지역을 제외함) 또는 시(「지방자치법」 제3조 제4항의 규정에 의하여 설치된 도、농 복합형태의 시의 읍·면 지역을 제외함)에 있는 농지로서 「국토의 계획 및 이용에 관한 법률」에 의한 주거지역、상업지역 및 공업지역 내의 농지로 이 지역에 편입된 후 3년이 경과되지 않을 것.

다시 말하거니와 이 법의 취지는 어떠한 경우에도 농지를 투기의 대상으로 삼으면 안 되며 가급적 농민이 소유하여야 하고 설령 피상속인이 농사짓던 농지를 상속을 받은 경우라 할지라도 상속인이 농사짓지 않으려면 3년 이내에 농민에게 양도해라. 그렇지 않으면 중과세하겠다.

돈은 남아돌고 먹기만 하면 보약인데 덥석 삼키기 힘든 농지.

이 법을 피해가기 위해서는 부득불 농지 인근으로 위장전입을 하여야 하고 농사는 남 주더라도 내가 짓고 있는 양 농지원부를 갖추어 놓고 있어야 하니 그리했고 직불금이란 게 그 농지원부 따라 들어오는 돈이니 아니 받을 재간이 있겠나?

이런 연유로 핵심은 직불금을 수령한 것이 문제가 아니다.

'사기' 의사가 전혀 없거나, 비교적 양심적인 '있는 사람들'은 아마도 임대차 계약 시 조건을 달지 않았겠는가?

'재촌 자경 8년 요건을 충족하기 위해 부득불 농지원부는 임대인 앞으로 두되 이에 따르는 직불금은 임차인의 선도지 금액에서 제하고 받겠다.'

그러니 저 4만 여에 달하는 직불금 수령 공무원이나 수십만 여에 달하는 비자경인을 통틀어 위장전입과 농지원부를 두루 갖춘 사람에겐 '사기'에 '조세포탈' 음모를 추가해야 할 것이요, 진정 '땅을 사랑하는 마음'에서 농지를 구입하였으나 현실적으로 여건이 허락하지 않아 땅을 직접적으로 사랑하지 못하고 직불금으로 그 서운함을 달래던 사람들에게는 조속히 그 직을 면하고 그가 원하는 땅으로 돌아가 노래와 더불어 흙에 살게 하는 것이 더불어 사는 우리 모두의 도리이며 의무가 아니겠는가!

아니면 이 또한 종부세 처리하듯 '8년 재촌 자경 요건'을 풀어 도회지에서 못내 땅을 그리워하는 사람들로 하여금 마음 놓고 땅 따먹기를 허하여 비록 소수라 할지라도 그들의 행복추구권을 탄탄하게 보장해주든지.

2008. 10. 15.

쌀 직불금, 핵심 잘못 짚었다(2)

[준비지식]

조세특례제한법 제 69조

① 소유자가 취득일부터 양도일 사이에 8년간 농지가 소재하는 시·군·구(자치구인 구를 말함)와 그와 연접한 시·군·구, 또는 해당 농지로부터 직선거리 20킬로미터(2008. 02. 22. 이후 양도하는 토지분부터 적용함) 이내의 지역에 거주하면서 그 소유농지에서 농작물의 경작 또는 다년성 식물의 재배에 상시 종사하거나 농작업의 2분의 1 이상을 자기의 노동력에 의하여 경작 또는 재배한 사실이 있을 것

아침 출근길 잠깐 사이 자의 반 타의 반으로 듣는 라디오 시사프로그램에서도 직불금 얘기가 또 나온다. 내용인즉슨 국회의원 2명이 직불금을 수령해간 것으로 파악되었다는 것이다.

엊그제 올린 글에서 직불금과 조세특례제한법(이하 조특법이라 하련다)69조 에 대해 말씀드린 바 있고 허두에 떡하니 걸어놨으니 선뜻 이해가 되지 않은 분들을 '독서백편의자현'이란 성현의 말씀도 있으니 재차 삼차 읽다 보시면 먼동 터오듯 이해가 밝아

오시리라.

하여, 세세한 이야기는 접어두고 일단 쌀 직불금을 받은 사실이 확인된 김 모 의원 두 분의 경우 조특법과 무슨 상관관계가 있는가를 살펴보고 왜 이 우둔한 촌부가 엊그제부터 어울리지 않는 법조문까지 들먹여가면서 열을 내는가?

두 분 모두 김 씨이니 K1, K2로 할까 하다 영문 자판 번갈아 치기도 번거롭거니와 영어와 친숙하지 않으니 그냥 김하나, 김두울로 구분해서 시작해보자.

김하나 의원의 경우 경기도 화성이 지역구라 한다.

화성시 안석동의 논에서 매년 60여만 원의 직불금을 받았다는 얘긴데 어제 말씀한 바 있으므로 대략 2,400평 열두 마지기 정도의 논을 소유한 것으로 짐작된다.

보도에 따르면 '자신이 직접 농사를 짓지는 않았지만 대대로 내려오던 집안 땅에서 어머니와 사촌 형이 실제 농사를 짓고 있다.' 하며 '단순 지원금으로 알았다.'고 해명했다고 한다.

쉬운 말을 어렵게 하는 데는 그만큼 궁색한 구석이 있기 때문이라는 것 우린 이미 알고 있으므로 '상속받은 본인 소유의' 이렇게 간단히 정리하고 넘어가자.

정녕 이게 아닌 '대대로 내려오던 집안 땅'이라 한다면 이는 종중소유의 종답을 일컬음일 테고 이런 종답의 경우 대개 종원끼리 기간을 정해놓고 번갈아 농사짓거나 어렵게 사는 종원에게 매년 일정 금액의 쌀 임차료를 받고 빌려주는 것이 통례이다.

그럴 경우 당연히 농지원부는 경작하는 종원 명의로 옮겨지고 직불금도 그 종원에게 지불되기 때문이다. 그런데 이럴 경우 김하나 의원이 언론에 오르내릴 사유가 전혀 없지 않은가?

그러하니 명의는 김하나로 되어있는 '대대로 내려오는 집안 땅'을 어머니와 사촌 형이 농사를 지었다.

거듭 말씀드리거니와 농지원부란 농지 소유 여부와 관계없이 실제로 그 농지를 경작하는 사람 앞으로 이전하게 되어있다. 도회지 사람들의 이해를 돕기 위해 비유적으로 설명해 드리자면 전세로 빌린 아파트가 비록 내 소유가 아니라 할지라도 내가 실제로 거주하는 한 주민등록을 그리고 이전해야 하는 것과 같은 이치다. 그럼에도 불구하고 왜 굳이 농지원부를 본인 명의로 고수하고 직불금을 수령해 갔느냐?

요는 저 조특법 69조 1항
8년, 재촌, 자경

이 세 가지 조건을 충족시키지 못하는 한 60%의 중과세를 피해갈 수 없기 때문이다.

상속의 경우 3년 안에 팔든지 농사를 짓든지 해야 한다고 앞에서 말씀드린 바 있거니와 그러하지 않은 경우 8년이야 세월이 해결해 주는 것 외에 뾰족한 방법이 없다.

다음은 재촌의 조건인데 위장전입 여부 즉 주민등록상의 거주지와 실제 거주지가 일치하는지 여부를 확인해볼 필요가 있다는 말씀이다. 지역구 의원이고 보니 실제 거주지가 농지 소재지로부터 20km 이내 있을 경우 재촌의 요건을 충족하기 위한 위장전입의 혐의는 벗어나 죄질(?)이 좀 덜하다 할지라도 자격 요건을 억지로 충족시키기 위할 목적으로 농지원부를 본인 명의로 고집한 혐의에서 자유로울 수는 없는 것이다.

또한 늘 '힘없고 가난한 서민(농민)'을 위해 일한다는 지역구 국회의원으로서 더구나 어머니께서 금년까지 농사를 짓고 계심에도 불구하고 직불금이 무엇인지도 몰랐다는 부분에서는 아쉽다 아니할 수 없는 것이 자주는 아니래도 틈나는 대로 찾아뵙고 모자지간에 살가운 대화를 나누다 보면 대문 옆의 삽살개도 알아들을 직불금 제도를 몰랐다고 하니 납득하기가 참으로 어렵다아니할 수 없다.

다만 측은지심에서 조언컨대 이 모두가 사실일 경우 대통령께서 후보자 시절 패널들이 본인의 껄끄러운 부분을 물고 늘어질 때 그리했듯이 '밖의 일에 신경 쓰다 보니 세세한 부분까지 챙기지 못해 미안하다.' 하고 넘어가면 그런대로 무난할 것으로 보이나 그렇다고 욕먹지 않는다는 보장 없다는 말씀 또한 조언에 포함시키고자 한다.

김두울 의원의 경우를 살펴보면 자신의 명의로 된 안성시 양기리의 논에서 직불금을 받았다고 말했다고 하니 '대대로 내려오는 집안 땅'이라고 밝힌 김하나 의원의 경우보다는 시작부터 진실성은 나아 보이나 오십 보 백보에서 크게 벗어나지 않을 뿐만 아니라 '실제 농사를 짓고 있는 부친의 부탁으로 직불금을 신청한 거'라며 불법이나 편법은 아니라고 했다 한다는 부분에서는 무지하거나 혹은 무책임하다 아니할 수 없겠다.

김두울 의원은 최소한 직불금이 무엇인지는 알고 있었던 듯하면서도 직불금은 실제 농사짓고 있는 부친이 수령할 수 있도록 농지원부를 이전해 드려야 함에도 불구하고 그리하지 않은 점에 대해서는 석연치 않은 구석이 없다 아니할 수 없다.

역시나 저 조특법 69조 1항을 극복하기 위한 눈물겨운 노력은 아닌지 이 역시 자경을 억지 증명하기 위한 것과 위장전입 여부를 종합 검토하여 그 결과에 따라 죄질(?)을 가늠하되 두 의원 모두 싸잡아서 '대리 경작을 시키면 소작농이 직불금을 받는 게 원칙인데, 두 의원 모두 부모가 농사를 짓고 있어 법적으로 문제 될 게 없다.'는 주장에 대해서는 '개개인이 걸어 다니는 헌법기관'이라는 그대들을 이 촌부더라 어떻게 존경하라 이런 말씀을 하시는지 다만 가슴 아플 뿐이다.

농지라고 해서 다 투기의 대상이 되는 것은 아니다.

용케도 두 분 의원이 지역구가 경기이고 이천 쌀이 특별히 맛있어서 경기도 농지 값이 비싼 것만은 아닐 터, 왜 손쉽게 경작자에게 돌려줄 수 있는 농지원부를 피난길에 오른 양반 족보 챙기듯 본인이 움켜쥐고 있었는지 명명백백하게 밝히되 개중에 가계에

보탬이 되고자 직장 다니면서 틈틈이 농사지어 온 사람들 도매금을 매도하는 우를 범해서는 결코 안 된다.

젊은 사람들 모두 도회지로 떠나가고 시골 마을 골골이 텅 비었다는 얘기가 어제오늘의 얘기는 아니지 않은가? 우리 차 타고 지나가면서 스쳐 지나가는 저 너른 들녘, 때맞춰 모 심기고 벼 베어지는 것이 남아있는 늙은 농부들의 일손으로 어찌 다 감당하겠는가?

이 조강이 그러했듯 땅이 본디 거기 있었으므로 직장 다니면서도 짬짬이 흙에 사는 사람들 그들의 마음까지 다치게 해서는 안 된다는 말씀이다.

대통령까지 나서서 직불 금에 대해 조사하라 이르고 그 수가 몇 만이니 몇 십만이니 벼 벤 논에 물 대듯 쓸데없는 소리 세상에 내지 말고 옥석을 철저히 가려서 디지털 저울에 달아 근수 나가는 만큼 값 매겨 처리하되 이참에 농촌이 살고 농민이 살고 도농이 함께 사는 길을 다 같이 모색하는 계기가 되었으면 하는 바람이다.

지난여름 대천 출장길에 열차에서 만난 어느 노인은 조특법69조 때문에 시골 땅값 오르는 것만 막아놓아 농민들만 맨날 가난하게 살구 아파트값 오르는 도회지 사람은 부자 되니 참 불공평하지 않느냐는 조강의 물음에 이렇게 답했다.

"장(늘) 거기 있는 땅인디 올르문 또 뭐해유. 도회지 나가있는 자식덜이 팔아 올리라고 난리칠틴디 그 등쌀 어떠키 배겨나겄어유? 어찌보문 이대루가 질루 난것 같어유……"

2008. 10. 16.

아부지 아부지 우리 아부지

음력으로 시월 초이레.

돌아가신 울 아부지 기일이다.

살아 계셨더라면 올해 일흔여덟.

지금 사는 집이랑 논 아홉 마지기 남겨 놓으시고 서둘러 가셨다.

추수 끝난 들판.

나는 꼭 한번 벼 베인 논에 왔다 간다.

고속도로 옆이라 이미 70년대 경지 정리가 끝나 바둑판 같은 논.

아부지는 비료를 골고루 뿌리기 위해 논둑을 열 등분으로 나누어 말뚝 박아 표해 놓으셨다.

가신지 15년.

그 말뚝은 지나온 세월만큼 사그라져 이제 네 개만 겨우 몰골을 유지하고 있다.

봄, 여름 지나오면서 논두렁 풀 깎을 때도 행여 말뚝 상할라 조심조심.

그때마다 당신 생각에 콧등 시려 하늘을 올려다보며 눈물짓곤 했었다.

영주에서의 신혼 시절.

손주 보러 오셨다가 위장병이 심하다는 엄니 말씀에 모시고 간

병원. 결과는 위암 말기라는 진단이었다.

서둘러 여생 편히 모시겠다고 조강 등에 들쳐 업혀 허둥지둥 고향으로 돌아온 것이 그해 팔월이었다.

끝없는 고통과의 싸움이 힘에 부치셨을까?

지켜보는 자식들의 어려움을 먼저 생각하셨으리라.

새벽에 연락받고 부랴부랴 조퇴하고 갔을 때.

아부지는 이미 눈을 감으신 뒤였다.

'둘째만 대학 못 시킨 것이 맘에 걸린다.' 하시더라.

엄니 말씀에 더 섧게 울었었다.

어릴 적.

못자리 피사리하시면서 허리 펴며 얼굴 찡그릴 적마다

"공부 열심히 하면 이런 일 안 해도 된다. 사무실에서 펜대 잡고 편히 살 수 있단다."

서 마지기 가웃에 옆 논 합배미 쳐 아홉 마지기 맹글었을 때 추수 끝난 논두렁에 서서 바다같이 넓어 보인다 하셨다.

"이담에 지가 돈 많이 벌어 이 들녘 다 사드릴께유."

"돈 많으문 돈 지키다 죽는겨!"

미소 지으시던 것이 중학교 2학년 때였다.

유구한 영겁으로 보면 천 년도 수유라 했던가?

이 무욕의 땅에 아부지는 계시지 않는다.

발길 돌려 집으로 오는 길.

"무슨 남자가 눈물이 그리 흔하누……"

혀를 차던 조강이 노래를 한다.

'오랫동안 잊었던 눈물이 솟고 등이 휠 것 같은 삶의 무게여.

가거라 사람아. 세월을 따라.

모두가 걸어가는 쓸쓸한 그 길로.'

아부지!

2000. 10. 25.

'아비'들을 위하여

연상의 여인을 아내로 맞이하는 남편이 늘어나고 있다고 한다.

이런 이들이 부부싸움을 하다가 남편이 불리할 때면 '누님 왜 이러세요! 참으세요!' 한단다. 그러면 나이 많은 아내는 그 모습이 귀여워 피식 웃고 만다는 우스갯소리도 들린다.

개그는 개그일 뿐 따라 하지 말자.

어쩌나! 개그는 시대의 반영이기도 한 것을.

험한 세상 '파시스트 같은 독재'보다는 또, 아내와 동등한 위치를 꿈꾸기보다는 '누님 같은' 아내 밑에 들어가 그런 아내와 어깨를 나란히 한다는 상대적인 동등감에 만족하면서 맘 편히 살아가는 것도 생존의 법칙일 수도 있겠다.

티브이 드라마를 보신 적이 있는가?

일일연속극, 주말 연속극, 월화드라마, 수목드라마, 미니시리즈에 이르기까지 그 셀 수도 없이 많은 드라마에, 이 시대 '어미'들이 즐겨보는 그 드라마에 나오는 젊은 부부들의 대화 중에 존칭을 사용하는 것을 들어보았는가?

드라마 속의 '어미'들은 야무진 반말로 '아비'의 의사를 타진하거나 자기주장을 '아비'에게 확실하게 전달하는 수단으로 아주 유효하게 사용한다.

그런 드라마를 즐겨보는 이 시대 다수의 '어미'들에게 늦은 귀가에다 기침 소리 하나로 온 가족을 긴장시켰던 그 화려했던 시대의 마술 같은 '아비'의 힘, 그 역사를 기억하게 하고 전통을 이어가게 할 방법이 있겠나?

이 시대 어떤 '아비'도 옛날의 영화를 그리워하거나 권토중래를 꿈꾸지 않는다. '아비'의 아비가 휘두르던 위엄 내지는 독재가 작금에 와서 갑작스레 강해진 '어미'들에게 그저 단순한 투정에 불과하게 받아들여진다는 사실을 자신들이 너무나 잘 알고 있기 때문이다.

어찌하다가 이리되었는가!

과거 이 땅의 '어미'들이 밥 짓고, 청소하고, 빨래하며, 아이 키우기에 전념해도 하루해가 짧았던 그 노동의 현장에서 그들을 해방시켜 준 일등 공신은 다름 아닌 이 시대 갈 곳 몰라 하는 '아비'들이었다.

'공업입국'의 기치 아래 논두렁에서 발 씻고 나온 '아비'들은 전자레인지, 전기밥솥, 압력밥솥, 보온밥통, 진공청소기, 식기세척기, 전자동세탁기, 김치냉장고 등등 셀 수 없는 이 모든 '해방 도구'들을 닥치는 대로 고안, 제작하였다. 그리고 그 결과 경제의 급속한 발전과 더불어 사회의 다변화, 그리고 이에 따른 '어미'들의 사회적 지위향상에 결정적으로 기여하게 되었다.

가장의 권위와 '고단한 노동'에서 '어미'들을 해방시킨 주역, 그리하여 이 시대 '어미'들로부터 무한 감사와 존경을 받아야 할 '아비'들은 지금 어디에 있는가?

지금은 없어진, 혹은 빼앗긴 '가장 높은 자리'를 포기하고 잠자리 이불을 개 얹어야 하고, 외출할 때는 운전사로, 거리에 서면 아이를 안아야 하며, 쇼핑할 때면 마트에서 쇼핑 카트를 몰고 묵묵히 '어미'의 뒤를 따르는 이 시대의 '아비'들.

그들 앞에 길이 축복 있으라.

2002. 05. 14.

아주 오래된 것이거나 아주 귀한 것이거나

아주 오래전, 안산에 거하는 오래된 친구로부터 제안이 있었다.

"내 식솔 이끌고 천안까지 내려갈 테니 그대 또한 나와 같이하여 두 집이 오붓하게 밥이나 같이 먹는 것이 어떠한가?"

지금은 기억도 나지 않지만 피치 못할 사정이 있어 그 제의를 선뜻 받아들이지 못한 것이 두고두고 마음에 걸리던 차, 경기도 의왕에 볼 일이 생겼고 안해는 벌써부터 뒷집에 살던 소꿉친구가 안산에 산다 했다.

아침나절 출발해서 안해를 안산 그 소꿉친구 곁에 내려주고 의왕으로 가서 볼 일을 본 다음 저녁에 다시 안해와 합류해서 그 오래된 친구를 보면 되겠구나! 이리 궁리를 끝내고 전화를 넣은 것이 지난 주 화요일이었다.

밥값은 우리가 낼 테니 소주 마시면서 얘기 나눌 수 있는 조용한 식당이나 물색해 달라는 내 간곡한 부탁은 '유붕이 자원방래' 하는데 어찌 식당에서 맞이하겠나 하면서 굳이 집으로 오라하는 것이었다.

당일. 소꿉친구 만날 생각에 마음이 들뜬 안해는 차안에서 내내 어렸을 적 그 친구와 지내던 이야기로 시간을 채웠다. 코끼리 마튼가 하는, 오라는 데로 가서 둘이서 만나더니 엄동설한 길가에서 두 손을 마주잡고 폴짝폴짝 뛴다.

사이를 두어 스스로 인사 건네고 인근 식당에서 급한 점심을 먼저 먹고 일어나 내 볼 일을 마치고 온 저녁 어스름까지 둘이서 지난 얘기 실컷 했다 하며 흡족한 표정으로 안해의 오래된 친구와 작별하고 내 오래된 친구 집으로 향했다.

내비게이션 안내로 어렵지 않게 찾은 그의 집은 아파트 25층 꼭대기 집이었다. 앞뒤 크게 난 창으로 시내 야경이 한눈에 들어오는데 휘황하기도 하거니와 찬란하기가 그지없다.

'우리 온다고 시청에서 창고까지 죄다 불 밝히라 방송했구먼!' 하는 농에 '그것 갖고 되겠나 싶어 자동차 불 밝혀서 죄다 끌고 나오라 했네.'라고 받아친다.

몸이 떨어져 있어 마음도 그만큼 멀리 있는 친구. 까마득히 잊고 지내다가 술 한 잔 얼근해서 늦은 밤 문득 전화하면 없는 친구 대신 마나님하고도 시간 반씩 수다 떨다가 끊는 사이다. 거실 가운데로 큰 상이 차려지고 얼굴 마주보고 앉았으니 풀어 놓을 얘기 보따리도 상 위에 오른 음식만큼이나 푸짐하지 않겠는가.

술은 종류별로 두루 갖추었으니 골라서 마시라는 말에 '내 여기 왔으니 여기 법에 따르겠다.' 하니 스물한 살 발렌타인을 거진 채운 맥주잔에 부어 도수 높인 폭탄주를 내놓는다. 연한 쇠고기 구이에 출처를 가늠하기 어려운 생선회 안주삼아 야금야금 마시다 보니 금세 친해져 차츰 도수를 높여간다.

옛날 서운했던 기억 하나 끄집어 내 잔뜩 부풀려 심술도 부려보고 아주 오래된 얘기에 한숨 지며 그리워도 해가면서 밤늦도록 밥술로 배를 채워가며 그렇게 한참을 놀았다.

“이쯤에서 그만 가봐야 되겠네!” 일어날라 치면,

“아직 초저녁인데 뭘……” 하는 말에 도로 앉고,

“이젠 정말 어지간히 됐네.” 하고 일어서려 하니

“딱 십 분만 더 있다 가게.” 하며 소매 붙잡고.

“이젠 증말 가야겠네.” 하면

“늦으면 길가에 차도 없는데 뭘……”

그러기를 몇 번이고 하다가

“이러다가 밤새겠네 그려.”

안해와 눈 맞춰 하나 둘 셋 하고 벌떡 일어났으나 이미 날이 바뀐 뒤였다.

섬뜩하리만치 차가운 밤공기 밖에까지 전송 나온 친구에게

“추운데 그만 들어가게.” 하는 말에

“가는 거 보고 갈라 하니 어서 차에 오르게.”

서로 밀쳐가면서 사양하다가 이내 끌어안고 볼 비벼가며 어렵사리 작별하고 집으로 가는 길.

오랜만에 조수석에 앉아 부른 배 쓸어가며 의자 뒤로 젖힌다.

도심 벗어나 고속도로에 오르니 길은 한 줄기, 불빛도 하나다.

“이쁘다던 소꿉친구 당신만 못하던데……”

핸들 잡고 가던 안해가 앞만 보고 씩 웃는다.

“소싯적엔 정말 나보다 훨씬 이뻤었는데……”

……

시간 반 길거리 깔고 나서 닿은 십오 층.

내 집 찾아 자리에 누우니 하루 일이 꿈꾼 듯이 아련하다.

이십오 층 내려다본 휘황한 야경, 좋은 안주에 귀한 술.

사람과 사람 사이 도타운 정이 예 있는데 내 어찌 신선이기를 바라며 낙원을 꿈꾸겠는가?

2010. 02. 07.

아주 특별한 나들이

_영화(榮華) 씻김굿

죽어서까지 이름을 남긴 조상이 계셨다. 조선 시대 뛰어난 문필로 왕자의 스승으로 계셨던 덕에 왕으로부터 하사받았다는 대구 어디쯤 아늑한 야산 자락엔 당대에 큰 벼슬을 하셨다는 조상님들 나란히 누워 계시고 남기신 이름 오래도록 기억하자고 후손들이 모여 큰비를 세우고 제막식을 거행한다고 하였다.

각 지방에서 모여든 성씨와 본관을 같이하는 사람들 모여 으레 하는 인사말, 경과보고, 감사패 증정, 그런 거 어지간히 끝날 즈음엔 초가을 오후 따사로운 햇살이 잔디 위에 눈이 부시도록 하얀 옷에 악기 하나씩 차고앉아 식후 행사로 애달픈 가락의 진도 씻김굿이 막 시작되고 있었다.

그도 저도 갈 길이 먼 사람들 하나둘 서둘러 내려들 가고 나도 궁둥이 털고 일어서서 여차하면 내려갈 요량으로 양복 윗도리 옆에 끼고 서 있을 때 진도 북춤이 있겠다는 안내방송이 흘러나왔다. 흥부의 대여섯 번째 딸쯤 되어 보이는 복스러운 얼굴의 젊은 아낙이 흰옷을 입고 북을 메고 잔디밭 가운데로 걸어 나오고 있었다. 그저 장단에 맞추어 북이나 두드리면서 어깨춤이나 추는 그런 것이려니 하던 내 생각은 눈앞에 펼쳐지는 춤사위에 천천히 몰입되고 있었나 보다.

고개를 옆으로 숙인 채 오른쪽 발이 땅에서 떨어져 천천히 올라가다 멈추었다. 양팔을 수평으로 곧게 편 그 끝에 북채를 쥔 손이 까딱 한번 흔들렸다 다시 멈추었다. 서둘 듯 장구 소리, 부추기는 듯하는 징소리, 매미 울어대 듯 하는 피리 소리에 움직이면서도 움직이지 않는 그러다가 숨이 막힐 즈음, 손끝이 까딱 움직이다 다시 멈추고 마치 높이 날아오른 솔개가 하늘 한가운데 높이 올라 몸을 고정시킨 채 불어오는 바람을 날갯짓으로 살짝살짝 뒤로 재껴내듯 하다 저 아래 병아리를 낚아채기 위해 쏜살같이 내려오듯 북 한 번 두둥 울리고 안 그런 척 다시 팔이 올라가 그 자리에 멈추어 있었다.

이따금 주춤거리는 몸짓이 장구와 징과 피리 대금의 장단 사이 절묘하게 북소리 한 번 두 번 끼워 넣는 동작이며 잠깐 사이 막혔던 숨을 토해내고 옆을 보았을 때 같이 옆에 선 친구도 숨조차 제대로 쉬지 못하고 춤판을 응시하고 있었다. 멈칫멈칫 이어지던 춤판이 쉬어가자는 듯 다소 늘어지는가 싶은 사이, 옆에 친구와 약속이나 한 듯이 털퍼덕 제대로 자리 잡고 앉았다.

그 틈새를 비집고 윗동네 일찍 아저씨 여의고 세 자녀를 키워낸 청안댁이라는 아주머니 어느새 북춤을 추고 있는 그 홍부 딸 앞에 나섰다. 저러다가 춤판 깨질라 하는 걱정도 잠시. 아주머니 뒤꿈치가 잠시 들썩하더니 마치 단체 줄넘기 속으로 끼어들 듯 장단 한 가락 사이 절묘하게 이어내어 팔이 올라가고 더엉실 덩실

춤을 추었다.

흥부 딸이 살짝 미소 짓더니 이내 넓지 않은 마당 반을 내어주듯 비켜서는가 싶더니 금세 같이 어우러졌다. 열일곱이라 했던가, 어린 나이 시집와서 누구나 그러했듯 가난하고 고단한 삶으로 하루하루를 이어온, 하여 생전 춤이라고 어깨 한 번 흔들 사이 없이 바쁘게 살아왔을, 그리하여 얼굴에 주름이 가득하고 가을볕에 검게 그을린 청안댁의 몸짓과 아마도 선천적인 소질에 일찌감치 훌륭한 스승 밑에서 제대로 공부했을 흥부 딸의 몸짓이 서로 어우러져 쌀솔개, 보리솔개 두 마리가 한가로이 날갯짓하다 부추겨 올라가고 다시 내려오고 또 올라가듯 북과 장구와 징이, 피리가, 대금이 장단을 맞추니 풀죽었던 시월의 짧은 해도 잠시 쉬어가고 산자락 여기저기 잔디마저 솔솔이 일어나는 듯하였다.

이런 절묘한 몸짓이 물 흐르듯 자연스레 이어졌고 여기저기 가끔씩 옆 사람들과 지껄이던 소리도 그치고 오로지 그 몸짓과 부추기는 장단 소리만이 나지막한 이 산자락 아늑하게 들어선 자리, 크지도 작지도 않게 울려 퍼지고 있었다.

언제 끝이 날지도 모르는 춤판. 시간이 지체되는가 싶었던지 윗동네 아주머니 한 분이 '그만 가아.' 하고 재촉하는 소리에 힐끗 쳐다보던 청안댁은 그 몸짓과 장단 사이 용케 춤판 하나 어지럽히지 않은 채 뒷걸음치며 빠져나왔다.

내려오는 길, 같이 했던 친구가 말을 꺼냈다. 지난해 진도 바닷길 열리는 날 거길 갔더란다. 장화를 신고 열린 바닷길 따라 조개 줍고 있을 때 어디선가 들려오는 아주 애달프고도 구성진 가락에 맘이 쏠리더란다. 자신도 모르게 빨려들 듯이 소리 나는 곳으로 걸어갔더란다.

오늘처럼 그 소리에 끌려들어 가슴을 두들겨 패는 듯한 충격과 감동을 하였다고 했다. 그 친구나 내나 음악적 감각은 무디기가 어지간해서 언제 적이던가 젓가락 두드리던 술판에 남들이 내려칠 때 같이 손 올라가다 눈이 맞아 웃던 하여, 노래방 없는 나라로 이민 가기를 간절히 원하는 그런 음치 중에 상 음치임에도 불구하고 어찌 보면 아주 단순한 노랫가락에 맞춰진 춤판에 스펀지 물 스며들 듯 빨려 들어가는 이유가 무엇인지.

올라오는 버스 안, 통로에 빼곡히 늘어서서 빠른 장단에 털어 내듯 어지러이 뛰는 모습 바라보다 고개 돌렸을 적, 청안댁 아주머닌 잠이 드셨다.

오래전 아저씨 여의던 날. 막막하여 쳐다본 하늘. 솔개의 날갯짓처럼 오래오래 내려다보다 천천히 멀어져가던 아저씨 넋을 보았던가? 그리하여 그 생각에 묵은 꿈꾸고 계신 것은 아닐는지. 짧은 해 서산으로 기울어진 지 오래지 않아 창밖엔 어둠이 내렸다. 아마도 오늘 밤 쉬 잠을 이루지 못할 것 같다는 눈으로 또 다른 내가 나를 빤히 쳐다본다.

2002. 10. 16.

오발탄 그리고 그 후

-1978년 겨울 ××부사관 학교-

두 번째로 가족을 만날 수 있는 16주차 면회 바로 전날 자정. 5개의 초소 경계 근무를 마친 열 명의 하사관 후보생들. 어깨 위에 총을 올려놓고 방아쇠를 당기는 순간. 요란한 총성이 밤하늘을 갈랐다. 순간, 작은 소요가 일어날 듯하더니 금세 진정을 되찾았다. 교대 때 당연히 인계되어야 할 공포탄 하나가 약실에 남아 있었고 그것을 터트린 후보생 하나, 달빛에 하얗게 질려 있었다.

열 명의 후보생들은 숙의 끝에, 당사자는 잠자던 구대장을 조심스레 깨우기로 하고 나머지는 잠자리에 들었다.

"저, 구대장님!"

"……"

"저, 구대장님!"

"……"

여기저기 아직도 긴장 속에 잠 못 이룬 후보생들. 침 넘어가는 소리가 들렸던가?

"저, 구대장니~임!"

"엉? 뭐야?"

"저…… 실수로 공포탄 쐈습니다."

"……"

"이 새끼. 너 지금 무슨 소리 하는 거야? 내일 보자. 일단 자빠져자!"

여기저기 남몰래 안도의 숨을 내쉬는 소리가 들리면서 고달픈 몸은 그래도 잠 속으로 빠져들었던 모양이다.

"전원 팬티 바람에 연병장 집합!"

구대장의 악쓰는 소리에 면회 날의 아침은 밝아왔다. 이미 16주간의 훈련으로 반은 이무기가 되어있어, 대충 게길 줄도 알던 후보생들은 아무리 뺑뺑이 돌려도 세면 시간과 식사시간에 할애된 1시간까지 빼앗을 수는 없다는 계산 아래 남은 두 시간을 오히려 즐기듯이 얼차려를 치렀다. 가족들과의 꿈같은 면회시간은 아쉬움 끝에 마감되었고 악랄하기로 이름난 그 구대장. 그 오발사고 물고 늘어져 밤늦도록 연병장 구르고 터지고 깨지고……. 혹독한 얼차려 끝내고 줄지어 연병장을 돌면서 옷에 묻은 먼지 털 때, 환한 달빛에도 앞사람조차 보이지 않을 정도로 먼지가 자욱했다.

그 친구 동료들로부터 오래도록 원성을 들은 것은 물론이고 그 날 이후로 별명이 오발탄이 되어 버렸다. 여기저기 아는 사람들끼리 연락이 닿아서 열댓 명의 옛 전우들 한 달에 한 번 시내에 모여서 저녁을 같이한다.

그런데 그 '오발탄', 지금 어느 경찰서 총기관리과에 근무하고 있다고 했다.

2001. 01. 01.

요강, 텔레비전 그리고 조강

"요강 줌 갖다 줄랑교?"

"나 오줌 안 메려운디……"

"나두 그냥 잘라요. 그람."

"정하자."

"그래."

"가위, 바위, 보!"

……

"삼세번(내가 이겼을 경우)."

"가위, 바위, 보!"

"보!"

"보!"

우리는 방에다 요강을 들여놓고 산다.

막성사구체신염(오줌 자주 메려운 병)이란 것을 팔 년째 끼고 사는 조강을 위해서이기도 하지만 그 편리성 때문에 우린 처음부터 그렇게 살아왔다.

이불 속에 빠져나오기도 그러려니와 요강 부실 때의 손끝에 전해오는 그 '섬뜩함'이 그래서 대개는 즉석당번을 이런 식으로 정한다.

당번 된 사람이 요강을 가져오면 그 요강을 자기 쪽에 놓을 수 있는 특혜가 주어진다.

그러나 잘 때 분명 내 옆에 있던 요강이 잠결에 찾으면 대개는 조강지처 옆에 놓여 있다.

그럼 자는 사람 깨워서 따진다.

"요강 갖구 갔지?"

"여 있니더…… 갖구 가소 음……"

한마디 하고는 돌아눕는다.

리모컨 고장 나서 한번은 일어나야 끌 수 있는 텔레비전.

초저녁엔 채널 권 가지고 짜그락거리고. 잘 때는 서로 끄고 자라고 또 짜그락거린다.

그것도 즉석 당번을 정하기 위해 또 '가위, 바위, 보' 한다.

매일 밤 벌어지는 이 두 번의 게임.

대개가 그러하듯이 요강 당번은 내가 걸리고

텔레비전 당번은 안해가 걸린다.

이 나이 되도록 복권 한 장 사본 적이 없는 이유가 바로 여기에 있다.

안해는 나보다 한 시간 일찍 일어난다.

텔레비전 볼륨 적당히 키워놓고 나가는 건 불쾌하지 않은 기침을 위한 배려다.

늦게 일어난 죄로 그 묵직한 요강을 화장실 하수구에 비우면서 그 싸한 냄새에 잠을 깨면서.

부부라는 것.

근원은 다르지만, 거부감 없이 잘 섞이는 오줌처럼 그렇게 살아가야 하는 것이라고.

그 소중한 것을 담은 용기(容器).

거기에서 나오는 찐-한 냄새가 그래서 정겹다.

2001. 11. 30.

이젠 말해도 될 터인데

"총각요, 총각있니껴?"

아침 퇴근길 걸친 술이 아직 깨지 않았었나 보다. 오후 두어 시쯤 됐었던가? 부르는 소리에 방문 열고 내다보니 그 아주머니다.

"와 안오능교? 약속하구 서리."

……

"조카딸 와 있으니 와서 한번 보소. 술도 한잔 하고……"

꼭 17년 전의 일이다. 지금의 처삼촌 소개로 지금의 안해를 처음 만난 것이. 고교 시절부터 오랫동안 사귀어 왔던 여자가 부모님의 뜻을 따르겠노라며 내게 작별을 고하고 고시공부 한다는 남자에게 시집을 간 그 이듬해 정월이었다.

처삼촌 집에 세 들어가는 직장 동료의 이삿짐을 날라주고 간단히 술 한 잔 먹는 자리에 조카딸 있으니 선 한번 보겠느냐고.

술좌석이었고 '갑순이가 시집을 가버리는 바람에 화가 나서 장가를 간 갑돌이'의 심정으로 그러마고 대답했고, 그러면 요번 설에 집에 데려다 놓을 터이니 다녀가라 했다. 그리고는 까맣게 잊어버리고 있었는데…….

부스스 일어나 거울을 보니 아직도 토깽이 눈이다.

팔짱을 끼고 밖에 서서 발을 구르는 폼이 아예 끌고 갈 작정이다.

대충 물 묻히고 옷을 갈아입을까 싶다가 그냥 슬리퍼 끌고 트레이닝 바람에 따라나섰다.

"진짜루 왔어유?"

"그런 일을 장난으로 하요? 그럼."

그래서 만났다.

명절 끝자리 안주 부스러기 담아 올린 소반에 간단히 차린 술상 보아놓고 둘러앉아 세 들어 사는 직장동료도 같이 어울려 술 먹으며 옆에서 바람 잡는 얘기 몇 마디 거들었던가?

수줍음 많이 타던 나는 영락없는 충청도 샌님이었다. 말은 고사하고 상대방 얼굴 한 번 제대로 쳐다보지 못하고 연거푸 술만 들이켜고 있었지 싶다.

그 모양이 보기에 애처로웠던지, 둘이 나가 데이트하고 오라고 등 떼밀려 나왔었다. 시내를 가로지르는 내를 거슬러 둑길을 십여 분 걸었다.

"설시러 왔네베유?"

"이름이 뭐래유?"

앞서 걸으면서 내가 건넨 두 마디였다.

"술 한 잔 하실래유? 아니문 다방 가서 차 드실래유?"

시내 들어와서 물은 것이 세 마디째였다.

"다방 가입시더."

두어 걸음 뒤쫓아 기어가는 목소리를 들으면서 나는 눈에 띄는 선술집으로 들어갔다.

"배운 것이 부뚜막 술이라 난 이런 디가 맘이 편해유."

연탄불에 노가리 구워 놓고 소주 한 병, 사이다 한 병, 오징어 두루치기 시켰었지 아마.

오른 술기운 때문에 용기가 생겨 훔쳐본 옆모습.

생글생글 웃어가며 이야기하는 것이 '세상 걱정 없이 살아가는 건강한 경상도 처녀' 그 이상도 이하도 아니었다.

"대구에 기신데메유?"

술기운이 오르면서 봄 판에 개구리 입 떨어지듯 그 한마디를 시작으로 족히 서너 시간 떠들었고 소주 하나 더 시켰었다.

"나 좀 봐유. 이런 말씀 디리는 거 어띠키 생각하실지 모르겄네유. 나두 그리키 승질 급한 눔은 아닌디유. 워나기 거리두 멀구 자주 만나기두 어렵구 해니께…… 자주 만난다구 사람 속 뒤집어 볼 수두 읎는 거구유…… 그러니께 이 자리서 아주 결정을 했으문 좋겄유."

커진 눈으로 쳐다보는 모습을 정면으로 대하니 짙은 눈썹 밑에 눈동자가 참 맑다는 생각을 했었지 싶다.

"지가 맘에 있으문 이 쐬주 한 잔 다 드세유, 그리구 맘에 별루다 싶으문 고개 돌려 마시는 척 하문서 바닥에다 그냥 버리세유. 그럼 지가 그런갑다 할티니께."

그때 그 여자 소주 석 잔을 거푸 받아 마셨었다. 고개 돌린 적도 없고 바닥에 버린 적은 더더구나다.

지금까지 나하고 같은 방 쓰는 여자가 그 여잔데, 지금까지도 우긴다! 곧 죽어도 바닥에다 버렸다고……

2000. 10. 30.

잊지 못할 2등의 추억

-오스트리아의 루트비히 파이셔

효과, 유효, 지도……. 절반이거나 또는 한판이거나.

올림픽이 열릴 때 가까스로 알아가다가도 끝나고 나면 잊히는 용어들이다.

이뿐이랴!

하키, 핸드볼, 레슬링 등등에서부터 배드민턴에다가 금메달을 무더기로 따내는 양궁도 예외는 아니다. 선수들에게는 4년 동안 와신상담 인고의 세월이다.

국가 대표로 선발되기까지 길고 험난한 길을 헤쳐 나와서도 지옥을 넘나드는 혹독한 훈련 끝에 비로소 깔린 멍석 위에서 한판 원 없이 싸울 기회를 잡는 것, 이것이 내가 아는 올림픽이다.

그들 중에 아주 소수만이 원했던 메달을 목에 걸고 가장 높은 곳에서 애국가를 들으며 솟아오르는 태극기를 향해 가슴에 손을 얹을 기회를 갖는다. 그 뒤로 온 국민의 열광과 성원과 찬사가 이어진다.

'2등은 아무도 기억하지 않는다.'라는 광고 카피는 '어록'으로 새겨진 지 오래다. 색깔이 달라도 메달은 모두 값진 것이고, 그보다는 참가하는데 더 의의가 있는 것이므로 최선을 다하는 것으로 만족할 줄 아는 것이 올림픽 정신이라는 사람은 누구에게나 아주 고리타분한 사람 이상의 사람대접을 극진히 받을 것이다.

바람직한 것은 아니지만 부인할 수 없는 현실이다.

그러나 나는 지난 9일, 일부러 기억하려 하지 않아도 오랫동안 기억될 2등을 보았다.

최민호!

가장 먼저 가장 빛나는 색깔의 메달을 목에 걸고 우리 앞에 선 사나이, 예선부터 전 상대를 한판승으로 메치고 우승한 자랑스러운 대한민국의 건아!

어쩌면 저럴 수가 있을까 탄성을 자아내기 충분할 정도로 신출귀몰한 업어치기, 메치기는 황홀하기까지 하다. 투기 종목에서 보기 드물게 예술의 경지에 이른 모습이라고나 할까?

곱상한 얼굴에다 작은 체구에 상대방을 눈 깜짝할 사이에 업어치고 메쳐놓고 언제 그랬냐는 듯 검지하나 세워 돌리며 수줍은 듯 매트 위를 도는 모습도 참 보기 좋았다.

그렇게 하여 오른 결승 상대는 2008년 유럽 유도 선수권 1위인 오스트리아의 루트비히 파이셔!

그러나 승리의 여신은 일찌감치 최민호를 점찍어 놓으셨던 듯 오래지 않아 그도 최민호와 상대했던 모든 선수들이 그랬던 것처럼 매트 위에 메쳐져야 했다. 여기까지는 지금까지 그래 왔듯 매트 위의 마지막 한판승의 경기가 끝난 듯이 보였다.

최민호가 다친 줄 알았었다. 무릎 꿇고 고개 숙이고 괴로워하는 듯 보였던 승자는 보이는 그대로 머리를 매트 위에 처박고 울고 있었다. 세계를 제패했다는 사실이, 원했던 것을 얻었다는 사실이, 지금까지 걸어왔던 험난한 여정이 갑자기 눈앞에 스쳐 지나가면서 북받치는 것이 있었던 모양이다.

가까스로 일어나기는 했지만 북받치는 것이 아직 멈추지 않은 듯 어깨까지 들썩이며 흐느끼는 모습이 보기에 안쓰러웠다.

이때였다.

아무도 기억하지 않을 2등이 된 파이셔가 그에게 다가가 위로하듯 다독거리고 그래도 정신을 가다듬지 못하고 울고 있는 승자의 손을 높이 치켜세우는 것이었다.

그에겐들 어찌 금메달에 대한 미련이 없었으랴! 이 선수만 넘어서면 승자로서의 영광이 고스란히 내 것인 것을 하는 아쉬움이 없었으랴!

나와 같이 승리를 갈구하는 사람이 있었고 그와 공정하게 싸워 내가 졌으므로 2등이 되었고 1등에 미치지 못할지라도 그에 못지않은 영광이 내게도 있으므로 2등으로서의 기쁨을 1등과 같이 나누고 싶다는 생각에서였을까? 그렇게 2등은 의젓하고 자랑스러워 보였다.

그런데 우리의 1등은 아직도 울고 있다. 엉엉 소리 내어 울고 있었다.

잠시 후 메달의 색깔에 합당하게 높이를 달리한 시상대에 주인

들이 나란히 섰고 각각의 메달은 주인을 찾아 목에 걸렸다. 가장 높은 곳에서 가장 고운 빛깔의 메달을 건 선수의 국가가 연주되고 국기가 올라갔다.

영광이었다. 올림픽의 영광은 이렇게 에누리 없이 고스란히 승자의 몫으로 돌아갔다.

그러나 파이셔는 아는 듯했다.

가장 높은 곳이 아니라도 내려다보는 풍경은 똑같이 아름다우며 곱기로야 금빛에 미치지 못하더라도 은빛 또한 눈이 부시도록 아름답다는 것!.

애국가가 울려 퍼지고 올라가는 태극기를 보면서 최민호만큼이나 눈물 많은 지천명의 촌부도 눈물을 글썽였다. 그런데 촌부의 눈물 어린 눈에 들어차는 것은 최민호가 아니었다.

은빛 메달을 목에 걸고 넉넉하게 미소 짓고 있는, 젊은 나이에 이미 유도를 통해 천명을 알아버린 선수.

오스트리아의 루트비히 파이셔였던 것이다!

2008. 08. 13.

장날

"이거 고칠 수 있어요?"

봉지서 슬리퍼 한 짝 꺼내면서 아내가 조심스레 물어본다.

"잠깐만…… 좀 봅시다. 예, 꿰매면 되겄네유."

바늘 하나 집어 들고 바닥을 찔러 보더니 자신 있는 목소리로 대답하면서 돋보기 너머로 아내를 쳐다본다.

칠천 원 줬던가? 조치원장에서 사다가 한 이태 잘 신고 다니던 아내의 슬리퍼가 바닥과 밑창의 접착 부분이 떨어져 고쳐 달라고 했다.

접착제를 정성껏 발라서 돼지머리 누르듯 맷돌 얹어 하룻밤 재워 놓았었는데 괜찮다 싶더니 물 한번 적시고서 또다시 오뉴월 더위 먹은 개처럼 헤 하니 입 벌리던 그 슬리퍼.

"얼마에요?"

"삼천 원."

"있다 올게요."

여름 손님은 호랑이보다 더 무섭다 했던가? 네 시를 지난 지가 한참이고 해는 서산으로 기울어 가건만 더위는 꺾일 기색이 전혀 없다. 게다가 일요일이고 보니 집에 애들하고 조카들까지 죄다 방마다 하나씩 차지하고 낮잠을 자거나 티브이 앞에 진을 치다 보니까 우선 나부터 어느 한구석 몸뚱이 붙이고 편히 쉴 공간이 없었다. 마루에 앉아 안마당에 감나무 잎새 흔들거리는 거 무심히 쳐다보다 불현듯 오늘이 장날이란 생각에 장 구경이나 가자고 나섰던 것이다.

채소전 입구에 한구석, 조그만 의자 하나, 박스를 상 삼아서 못이며 구두 뒤축 여남은 개 올려놓고 바닥엔 '구두수선, 가방 쟈크 수리', 맨 오른쪽 세로로 내려쓴 글씨는 '신용본위'라 적혀있다.

손바닥만 한 장터, 아내와 누나는 채소전으로 향하고, 나는 그 수선가게 맞은편에 쪼그리고 앉아 그 영감님의 손놀림을 유심히 쳐다보고 있었다. 수선가게(?)의 주인은 돋보기도 무거워 보이는 여윈 체구의 영감님이었다.

바늘 집어 들고 보기에도 질겨 보이는 실 한 오라기 풀어 꺼내더니 한 땀, 한 땀 그 두꺼운 슬리퍼 바닥을 능숙한 솜씨로 정확하게 간격 맞춰 떠내는 것이 신기에 가깝다.

이따금씩 부부동반으로 온 듯이 애들까지 업거나 걸리며 지나가고 남편한테 퍽이나 잘해줄 것 같이 수더분하게 생긴 아줌마, 그 조그만 진열대에 올려놓은 깔창 하나 사서 장바구니에 챙겨 넣고 간다.

열세 식구 모여 살았다는 나 어릴 적.

배 터진 꽁치나 귀퉁이 떨어져 나간 화로, 한쪽 구석 칠이 벗겨진 거울. 엄니께선 어려운 살림을 이런 불량품들을 트집 잡아 싸게 사는 요령으로 꾸리셨고 맛있는 것 사다 주신다는 약속은 깜빡 잊었다는 예정된 거짓말에도 늘 기대를 품고 기다렸던 그 장날이 용케도 오늘날까지 명맥을 유지하고 있다.

장터 한 바퀴 돌았는지 비린내 풍기는 봉지 하나 손에 들고 아내가 왔다. 아마 고등어 한손 사 넣은 모양이다.

삼천 원에 기사회생한 슬리퍼를 받아들고 흡족한 표정으로 봉지에 집어넣는 아내.

손가락 잘린 장갑 사이로 삐져나온 천 원짜리 세던 투박한 그 영감님의 손이 있어 아내는 무엇 하나 쉽게 버리지를 못하게 하는 것은 아닐까? 신발에 물 들어가도 괜찮겠냐는 안해의 물음에 '비 오는 날만 골라서 신으슈!'

자신 있게 건네는 그 영감님을 다시 한 번 바라보며 웃어 보이고 돌아오는 길. 다음 장날보다 더 길게 느껴지던 여름날의 하루해도 서서히 저물어 가고 있었다.

2001. 07. 09.

조강지처의 서여사 죽이기

첫째 날

이른 아침

바스락거리는 소리가 났다.

열린 창문에 토광 앞 담비 집이 지척이라 삼복 넘기고서 새벽잠 잊어버린 담비(우리 집 개 이름)가 밥그릇 긁는 소리려니 했다.

다시 몽중으로 돌아서려 할 즈음 또다시 그 바스락거리는 소리에 아내와 동시에 벌떡 일어났다.

'서생원일 것이다!'

아내는 벽에 스위치를 올리고 난 마루로 나와 플래시를 찾으며 똑같은 생각을 했다. 티브이 하단의 디지털이 04:56분을 가리키고 있었다. 서랍장 구석, 문갑 뒤편에서 옷걸이 밑에까지 샅샅이 뒤졌건만 아무것도 눈에 띄지 않았다.

(담비 짓인가 보다)

분명코 방 안에서 들은 소리이건만 새벽잠이 아까워 그리 생각하기로 하고 도로 누웠다. 어디서 쥐새끼 모양 잔뜩 웅크리고 있을지도 모를 그 서생원을 원망하면서. 그러나 아내는 못미더웠던지 미리 준비해 놓았던 끈끈이를 뜯었다. 그간의 경험으로, 방문 모서리로 나갈 것이라 짐작하고 그곳에 깔아놓았다.

오래지 않아서 방문을 통해 무언가 나가는 아주 미세한 소리를 듣고 또다시 기가 막힐 정도의 같은 타이밍에 아내와 나는 벌떡 일어났다. 가장자리 끈끈이가 발라지지 않은 부분을 교묘히 통과하면서 약 올리듯 끈끈이 표면에 살짝 흔적만 남겨놓고 사라져 버린 것이다.

아! 쥐새끼 같은 서생원 같으니라고……

잠은 아주 멀리 달아났고 무단히 잠을 깨운 그 서생원을 원망하고 있을 때 전화벨이 울렸다. 사무실에서 온 전화였다. 이른 시각 미안하다며 을지훈련에 따른 비상 소집훈련이라 한다.

사무실에 도착했을 때 전화 건 직원이 자기 잘못인 양 미안해 하고 구석에 켜 놓은 티브이에선 박찬호가 노리던 12승이 바지도 걷지 않고 물 건너가고 있는 장면이 중계되고 있었다. 다 그 쥐새끼 같은 서생원 탓이려니 여겼다.

같은 날

낮엔 바쁜 일과로 그 서생원에 대하여 까맣게 잊고 있었다.

퇴근 30분 전. 같이 쥐잡이 하던 여인으로부터 전화가 왔다.

회사에서 단합대회가 있으니 옆으로 새지 말고 얼른 오란다.

차를 자기가 써야 되겠다는 것이다.

사무실에서 시간 맞춰 나오다가 문득 깨달았다. 그렇지! 엄니는 어제 동생 내외 따라 부천 형네로 가셨다. 이 귀하고 귀한 시간, 집으로 곧장 오기엔 너무 억울했으리라. 무슨 작당을 했는지 몰라도 장터 어디선가 푸짐하게 음식상 받아놓고 수다 떨고 있을 여인!

그대 앞에 놓인 그 귀한 시간, 오뉴월 엿가락처럼 줄줄이 늘어지길 앙망하나이다!

방학 이후 대문 밖을 한 번도 나가본 적이 없는 안방 귀신 작은 아들만 집에 있었다. 차려놓은 저녁상, 보온 밥솥에 밥을 꺼내다 뜨거워 하마터면 놓칠 뻔했다. 아들놈은 생각 없이 뚝딱 한 그릇 해치우고, 난 까닭 모를 서글픔으로 물을 말아 새우젓하고 간신히 넘겼다. 설거지를 하면서 언젠가 들었던 평균연령, 남자보다 여자가 8년을 더 산다했던 라디오 뉴스.

그래! 그것만은 이 시대 나 같은 남정네들에 대한 아주 특별한 신의 배려다. 늘그막에 이런 밥상이나마 차려 줄 할마시 앞세우면 하룬들 어찌 살꼬?

어제께 마트에서 산 코브라라고 불리는 수도꼭지, 이리로 당기면 이리로 와서 뿌려대고 저리 밀어대면 군말 없이 저리로 가서 뿌려대는 그 자바라 수도관, 코브라처럼 그렇게 살 일이라고 생각하였다. 새벽에 놓친 그 서생원처럼 세상의 끈끈이 피해 가면서 살아가는 재주 없는 요령부득할 바에는.

날짜로는 둘째 날

자정이 넘어서였으니까 오늘 새벽이었다. 큰아들을 학교서 데리고 집으로 왔다. 큰아들은 차에서 내리면 혼자 달랑 먼저 들어가고 애비는 책가방 들고 대문 닫고 뒤를 따른다. 제 엄마는 자다가도 꼭 방문 열고 나와 큰아들한테 눈도장을 찍는다.

삼종지도!

노후를 대비하는 아내의 눈물겨운 노력에 나는 늘 감탄한다.

이 큰아들이 현관문 열고 마루에 올라서면서 대뜸 '쥐닷!' 하고 비명을 질렀다. 그 쥐가 안방으로 들어갔는지 목욕탕으로 들어갔는지 그건 보지 못했다고 한다. 안방 스위치를 올리자 늘 거기에 있어야 할 안방 귀신 작은아들은 오늘따라 윗방에서 자고 있었다.

바로 그때! 나는 보았다. 안방에서 튀어나와 태평양 건너듯이 마루를 가로질러 화분대 밑으로 쏜살같이 사라지는 모습에 머리끝이 쭈뼛하니 생각보다 엄청나게 크고 살이 통통 쪘다. 분연히 끈끈이를 마루 끝, 화분대 모서리에 석 장을 내리 깔았다. 아들들 불러 세워놓고, 방문을 닫고 자라 이르고 누웠다. 사방은 쥐죽은 듯 고요하고 잠도 쉬 오지 않는다.

생각한다. 토광에 아직 묵은 벼 예닐곱 짝 그대로 쌓여있거늘 어이하여 위험을 무릅쓰고 나의 영역을 무단 침입하여 위험을 자초하는 그 심사를 알 수가 없다.

뒤척이다 선잠 잔 아침. 또 끈끈이에 살짝 흔적만 남기고 마루에서 놀다간 서서방. 어떻게 요절을 내야 할지 그것만 생각하면서 출근했다.

같은 날 오후

현도 지나 부강 못 미쳐 퇴근길에 아내로부터 전화가 왔다. 마루 끝 화분대를 몽땅 들어내었다고 한다. 마루를 흙으로 메우기 전, 끄트머리 밑을 신발장 겸용으로 사용할 요량으로 남겨놓은 그 신발장을 들춰보니 놓여있던 재떨이에 네 마리 그리고 바닥에 두 마리 도합 여섯 마리 새끼를 낳아 놓았더라고 했다. 재떨이 채 들어내고 다시 남은 두 마리를 마저 들어내기 위해 집게를 가지러 간 사이 어미가 제 새끼들 물고서 사라졌다는 것이다.

'그런 얘기 집에 가서 해도 될 걸, 굳이 전화로까지 할 거 있나?' 하고 물으니 '환장하겠네!' 하면서 끊는다(서생원이 아니라 서여사였구나! 그것도 자식이 여섯이나 딸린……).

집에 도착하여 똑같은 얘기 입에 거품 물고하는 것 다시 재방송 들으면서 새벽잠 앗아간 데 대한 복수심보다는 어쨌거나 딴에 좋은 자리 골라 새끼 낳고 위급한 상황에서 목숨 걸고 새끼들을 안전한 곳으로 신속히 대피시킨 그 모정과 지혜에 다만 감탄할 뿐이었다.

또한 그 복수심 보다는 아내의 '서여사 죽이기'가 이대로 진행될 경우 세상모르는 그 새끼들의 앞날을 생각하니 맘이 그리 편치만은 않았다. 그러나 아내의 의지는 결연하였다.

그날도 마찬가지로 학교에서 큰아이 데리고 들어오니 안방에서 작은아들하고 티브이 보던 아내는 마루 끝까지 좇아 나오면서 마루 한구석 책장 밑에서 그 서여사가 튀어나와 마루 밑으로 들어가는 것을 보았다며 씩씩거렸다.

끈끈이를 다시 꺼내 이번엔 마루 끝 문을 30센티 정도만 남긴 채로 닫고 끈끈이를 그 길목에 놓는다는 것이다. 그 좁은 문을 통하지 않고서는 들어올 수 없는 외길을 만들어 놓고 거기서 잡겠다는 계산이었다.

저러다가 그 서여사 끈끈이에 붙으면 어딘가 감추어진 채 눈도 뜨지 못한 그 새끼들의 장래는 어찌할꼬? 어미 배 속에서 나와 아직 세상 구경 한번 못한 채 다시금 왔던 곳으로 돌아가야 하는 새끼들의 운명이 너무 기구하다는 생각이 들었다. 하여튼 그렇게 밤을 보내면서 잡히고 말고는 어차피 서여사 팔자려니 했다.

셋째 날 아침

아내의 탄식에 눈을 떴다.

또다시 끈끈이 한 귀퉁이 흔적만 남긴 채 쥐도 새도 모르게 사라졌다면서 혀를 찼다. 한편으로 다행이다 싶으면서 한편으로 기가 차기는 나도 마찬가지였다. 아침 출근 전 아내는 가장 큰 끈끈이를 아예 새끼가 있었다는 마루 밑 재떨이 놓였던 자리에 놓는 것을 보고 출근하였다.

우리 족보 앞부분에 임진왜란 때 왜군에 의해 손목과 젖가슴을 겁탈당한 조상 할머니가 왜놈의 손에 더럽혀진 것을 용납할 수 없다 하여 그곳을 스스로 잘라내고 죽었다는 내용이 있다.

이어서 그 와중에 살아남은 갓난아이를 하인이 업고 도망가던 중 왜군에게 쫓기다 풀숲에 숨었는데 이 아이가 자꾸 울더라 했다. 속이 탄 하인이 아이에게 이르기를 '아가야, 아가야 네가 정씨 가문을 이을라면 울음을 그치고, 이대로 대를 끊을라면 계속 울어라!' 하니 아이가 울음을 뚝 그쳤다고 적혀 있다.

서여사! 그대!

새끼들 일일이 고이 물어 어디다 감추었으며 그때의 절박함이 어찌 족보에 나오는 그 하인보다 덜함이 있으랴만 먹을거리 찾아 곳곳에 끈끈이 피해가며 새끼를 위해 목숨 걸고 있을 혹은 지금 어디선가 빈 젖 물리고 우는 새끼 달래고 있을!

그대 앞날에 부디 신의 가호가 있을진저!

(넷째 날로 이어지는데 날짜가 있어 시제가 맞지 않습니다)

넷째 날 자정 가까운 시간

3층 교실의 불이 꺼지고 큰아들은 언제나 무리 중에서 제일 늦게 나온다.

차에 타자마자 '쥐 잡았어?' 하고 물었다.

"아니!"

나보다 먼저 일어나서 날이 바뀔 때까지 학교에서 지내는, 공부에 절은 큰아들 모시고 돌아오는 길. 부자간의 대화는 여기서 끝이다. 아이는 언제나 책가방을 뒷좌석에 던져놓고 제가 듣는 라디오 주파수를 변경하고 볼륨을 높인다.

어렸을 적 목을 감고 무르팍에 올라오던 재롱은 아주 먼 옛날의 추억이 되었고, 엊그제 면사무소에서 주민등록증 발급 신청하라는 통지서를 받은 큰아들과는 코밑이 거뭇해지면서 이제 서로가 불편해하고 서먹서먹한 사이가 되어버린 것이다.

그 30분간의 불편을 큰아들은 젊은 가수들 나와서 시시덕거리는 심야 음악프로가 덜어준다는 것을 일찌감치 알아채고 꾸준히 실행하고 있다.

큰아들은 눈도장 찍으러 나오는 아내에게 또 묻는다.

"엄마! 아직 쥐 못 잡았어?"

나는 이내 방으로 들어왔다. 아내는 큰아들과 한참이나 수군대는 것이 온통 서여사 얘기일 것이다.

"배고프지 않니?"

"무어라도 좀 먹어라."

매일같이 하던 얘기가 오늘은 간데없이 사라졌다.

잠자리에 누워 나는 또 생각한다. 삼대 열세 식구가 모여 살던 유년 시절, 어느 따뜻한 봄날이었다.

새댁이던 작은엄마는 나를 부르시더니 무언가 비밀스러운 것을 나에게만 보여주려는 듯 손목을 잡고 끌고 갔다. 그곳은 사랑광이라 부르던 일테면 사랑방과 안채의 중간 사랑, 부엌 옆쪽 앞마당에선 오른쪽에 있었고 당시 귀했을 드럼통의 뚜껑을 딴 채로 거기에 등겨를 담아놓고 돼지 먹이로 쓰던 일종의 사료통이 놓인 자리였다.

그 드럼통 안을 까치발을 뜨고 쳐다보니 반쯤 담긴 등겨 그 한구석에 굴을 파고 밤톨만 한 생쥐 두 마리가 천진하게 놀고 있었다.

"이거 내가 기르는 것이란다."

생쥐에게 따스하고도 조심스러운 눈길을 보내던 고왔던 작은엄마의 얼굴, 그리고 그 작은 생쥐의 까맣고 맑은 눈망울을 나는 기억한다. 그 이후 아무도 눈에 띄지 않던 어느 날 나는 부지깽이로 그 집을 헐어버렸었다.

졸지에 집을 잃은 생쥐들은 드럼통 벽을 타고 달아나려다 떨어지고, 떨어지고 하는 것을 보고 그도 모자라 잔인하게 부지깽이로 드럼통을 두들겨 대면서 좋아했던 기억이 일말의 죄책감으로 한동안 나를 괴롭혔고 작은엄마를 바로 보지 못하고 눈치를 살펴야 했었다. 그러나 작은엄마는 아무런 말도 하지 않았고 그 뒤로 생쥐가 어떻게 되었는지는 기억에 없다.

마루 문 닫히는 소리와 부스럭 거리는 소리, 아마도 아내는 또다시 어제와 같은 작전을 다시 시도해 볼 계획인 모양이다. 괜스레 불안한 마음으로 걱정하다 나도 모르는 새 잠이 들었다.

다섯 째 날 아침

늦잠에 허둥대며 논에 물꼬를 열어 놓아야 한다는 생각에 오토바이를 타고 급히 나갔다. 시골의 새벽은 조용하다. 아침 이슬이 벼 잎사귀마다 붙어있고 포기와 포기 사이 잔잔한 거미줄이 수도 없이 쳐있었다. 아침 해만 나면 스러질 이슬이 밤새 지은 거미줄에까지 줄줄이 방울져 있다. 집 규모로 보아 하루살이가 걸려도 기둥뿌리가 들썩거릴 것 같은 약한 집을 지어놓고 거기에 희망을 걸고 이슬 걷어갈 아침햇살을 기다리는 작은 거미들. 늦잠에 부랴부랴 서둘러 허둥댄 것은 나뿐이고 그 짧은 생 부여받고 나온 거미조차 이렇게 조용한 세상 느긋하게 때를 기다릴 줄 안다는 생각에 돌아올 땐 오토바이 속도를 낮추었다.

집에 들어서자 아내는 이미 독이 올라있었다. 잔뜩 벼르던 신발장에선 소식이 없고 부엌 싱크대 위, 먹다 남은 포도를 먹어 치웠으며 싱크대 위에 발자국이 무성하다며 아마도 가스레인지 호스를 타고 부엌으로 잠입했을 거라며 여형사라도 된 듯 나름대로 그럴듯한 추정까지 하면서 잡히기만 하면 금방 요절이라도 낼 듯이 발을 동동 굴러댔다.

뒤꼍에서 부엌으로 넘어온 가스 호스 틈새, 연탄 땔 때 연통 나가던 그 구멍을 테이프로 이중 삼중으로 붙이면서 그렇게 씩씩거리는 모습에 맞장구치지 못하는 '나'를 들킬까 봐 조마조마한 심정으로 남은 밥을 국에다 말아 먹고 출근했다.

마지막 날

'찍찍 찌-익.'

잠결에 들었다. 생명을 가진 존재가 그 생명을 위협받았을 때 튀어나오는 단발의 비명이 아니라 헤어나기 어려운 현실적 절망의 늪에서 포기할 수 없다는 마지막 몸부림의 그 긴 비명은 계속되었고, 두런거리는 아내의 목소리도 함께 들려왔다. 가슴을 후비는 듯한 절규는 생각보다 길게 이어졌지만, 머리가 빼개질 것 같은 두통과 속 쓰림, 무기력감으로 나는 또다시 잠에 빠져들면서 그 소리도 함께 사그라들었다.

얼마나 지났을까? 이불을 헤집고 머리를 내밀었을 때 식은땀으로 속옷이 잔뜩 젖어있었다. 안방 미닫이 열리는 소리에 작은아이려니 생각하고 나지막하게 불렀다. 용케도 들었던지 방문이 열리고 얼굴을 삐죽 내민다.

"물 좀 다오!"

그리고 또 눈이 감겼다.

"아까 무슨 소리냐?"

살그머니 머리맡에 물 컵을 놓고 나가려던 작은아이에게 물었다.

"부엌에서 쥐 잡았어!"

"……"

그랬구나.

가스레인지 호스를 타고 밖으로 연결된 그 통로를 막은 이후 서여사의 흔적은 보이지 않았다.

그날 이후로 평온한 나날이 계속되었고 아내도 나도 서여사에 대해 까맣게 잊고 있었다.

그러나 며칠 전 싱크대 위에 놓아두었던 삶은 고구마에 이빨 자국을 남김으로써 아직도 부엌 어느 구석에서 불안한 나날을 보내고 있다는 것을 알았다.

아내는 목욕탕 하수도 구멍을 통해 침입했을 거라 여겼다. 아무리 생각을 해도 집안에서 밖으로 통하는 길은 거기밖에 없었으니까. 아내의 지시에 의하여 나는 하수도 맨홀 위에 기왓장을 올려놓고 흙으로 덮었다. 이제는 들어오는 통로도 나가는 통로도 모두 차단되었다.

이튿날.

또다시 끈끈이가 놓였다. 이동 통로로 모서리를 좋아한다는 상식으로 냉장고가 놓인 구석과 전기밥솥을 놓아두는 받침대 밑에 놓였다. 그렇게 이틀이 가고 사흘이 지나도 서여사의 행방은 오리무중이었다.

그날은 오랜만에 지차계가 열리는 날이었다. 본인이 지차이거나 아버지가 지차이거나 할아버지가 지차인 모두에게 자격이 주어진다 해서 붙여진 이름이고 딴은 장남인 육촌 동생까지 포함하기 위해 붙인 조항일 뿐 큰 의미는 없었다.

벌초하던 끝에 우리가 살면 몇 백 년을 산다고 가끔 만나서 저녁이나 같이 먹자 하여 결성된 이 조직은 사촌 동생 셋과 고종사촌 셋, 육촌 셋, 이렇게 아홉에다 내가 끼었고 부부동반으로 두 달에 한 번씩 장소 바꾸어 가며 저녁 먹는 그런 모임으로 난 그중 대빵이었다.

오랫동안 술에 굶주렸고 토요일이고 보니 애초부터 마시기로 작정을 하고 '존경하는 제수씨 여러분! 오늘 이 대빵이 꼭지가 돌더라도 양해를 좀 해주십시오.'라고 미리 선포하고 시작을 하였으니 결석자 빼고 남자들만 일곱이라 '위하여!' 한 번에 쏘주 한 병이 비워지는 판이었다. 결국, 상 위에 빈 병만 빼곡히 세워놓고서야 끝이 났고 곧바로 이층에 있는 노래방으로 옮겨갔다.

여자들 신나서 마이크 서로 잡으려 다툴 즈음 남자들은 슬그머니 나와서 카운터 앞에서 캔 맥주로 입가심하는 것도 따지고 보면 정해진 순서에 의한 것이다.

이튿날이면 속 아파 죽을지도 모른다는 생각하면서도 시원한 캔맥주 비우고 있을 때. 당직인 작은아이한테서 손전화가 왔다. 동네 할머니가 돌아가셔서 할머니는 거기 가셨다고 한다.

엄니 동갑네 친구분으로 얼마 전 심장이 좋지 않다는 소릴 들었지만 갑작스러운 전갈에 흥이 깨지고 아내와 함께 그 집에 들어섰을 때 마당엔 화톳불이 피워져 있었다. 동네 사람들과 어울려 한 잔 두 잔 마시기 시작하면서 기억의 끝자락을 잃어버린 채 등허리 시려 집으로 돌아온 것이 새벽 네 시였다.

……

속이 쓰려오는 가운데 눈이 뜨인 것은 아침 열 시경. 마당에서 엄니와 아내의 다투는 소리에 잠이 깼다. 김장은 계획된 일이었고 공교롭게 예기치 못한 초상이 나고 보니 아침 일찍 서두른 모양이다. 해마다 김장때면 엄니와 의견 충돌로 인해 스트레스 받는 아내였다.

부스스 일어나 현관문 열고 마당을 향해 '나 살아있어.' 한마디 했건만 들은 체도 안 한다.

"나 살아있다고!"

"그래서요!"

"뭣 좀 먹여야 하지 않겠나."

"여기 아직 아침 먹은 사람 없어요! 이거 눈에 안 봬요?"

독이 잔뜩 오른 목소리다.

아프면 서러움이 더 질게 배어 나오는 법.

"김장이고 지랄이고 사람이 살고 봐야 할 거 아닌가? 나 죽고 나서 잔뜩 담아 놓은 김장 누구 퍼먹일라 그러나?"

"에고! 한심한 양반아!"

하더니 분을 삭이지 못하고 이내 눈물까지 글썽인다. 밥 얻어먹기는 글렀다는 생각에 냉장고 열어 물병 채로 벌컥벌컥 들이켜고 또다시 자리에 누웠다.

얼만가를 지나서 방문 열리는 소리가 들리더니 사람이 언제 철이 들겠냐는 둥 누군 김장하느라 정신없는 판에 무슨 웬수가 져서 그리 술을 퍼마시느냐는 둥 한차례 긴 소나기가 지나가더니 안방에 국수 삶아 놨으니 일어나 먹으라 한다.

"그렇게 사람 가슴에 못 박아놓고 그 국수를 내가 먹은들 어디 살로 가겠나?"

염치가 없으면 암말도 말고 먹었으면 되련만 주제에 자존심은 살아가지고 그 한마디 그예 내뱉고 보니 싫으면 관두라 하며 나가 버린다. 속은 쓰려오고 그 얼큰한 칼국수가 눈앞에 어른거린다. 갓 담근 김치 찢어 먹으면 속이 좀 가라앉을 것 같건만 매정한 여편네 상 치우는 소리만 들려온다.

속은 쓰려도 다행히 잠은 온다. 한참을 자다가 속 아파 깨고 정확히 한 시간 간격으로 자다 깨다를 반복하던 중 상가에 갔던 아내가 행여 내가 아직 숨이 붙어있나 궁금하여 방문을 열어보는 것을 미리 눈치챈 나는 이불을 뒤집어쓰고 자는 척했던 것이다.

"쥐 잡혔어요!"

짐짓 잠에서 깬 척 눈을 떠보니 환하게 웃는 아내의 얼굴에 승자로서의 환희와 관대함이 어우러져 이내 관세음보살처럼 자애로운 모습으로 돌아온 것도 신기하거니와 부엌에서 달그락거리는 소리가 들리더니 칼국수 한 그릇

에 김장김치 쪼개어 한 그릇 담아 갖고 들어온다.

"모두 세 마린데 한 마리는 크고 한 것 보니 지난번 그것이었나 봐. 그새 새끼가 그리 컸나?"

"어떡했어?"

"저 두엄탕 끄트머리 거기다 묻었어."

"……"

서여사는 그렇게 갔다. 처음 마주친 지 석 달 만에 두 자녀와 함께 짧은 생을 마감한 것이다. 석 달간의 일방적 싸움은 절대 강자의 승리로 돌아갔고 절대 약자는 죽음이란 참혹한 대가를 치렀다.

휴일 오전 그의 죽음은 인간사 사십 대, 적당히 늙은 한 아낙에게 그의 남편과 시어머니에게 얽히고 꼬인 갈등을 풀어 평화를 가져다주었다.

전생에 무슨 죄가 있어 혼을 그 조그만 백에 담겨 하루하루 불안하게 살아야 하는 형벌을 감내해야 했는지 모르지만 결국 아내의 손에 의해 그는 전생의 업보를 감하고 윤회의 새로운 수레바퀴에 돌려지게 된 것이다.

오늘 아침 그의 죽음을 기리기 위해 나는 토광에 깔아 놓았던 끈끈이를 치웠다.

올겨울에 한하여 그들 동족의 우리 집 토광 출입을 허가하며 가급적 한 포대만을 정하여 표나지 않게 양식으로 일용할 것을 권고하면서…….

2001. 11. 19.

찔레꽃

_소설 같은 얘기

아침 산책길의 시작은 전에 살던 동네 앞산만 한 공원으로 가는 길이다. 오르막 중간쯤 모퉁이에 하얀 찔레꽃이 무더기로 피어있다. 그것보고 문득 생각이 났다. 영수네 집 앞에도 하얀 찔레꽃이 이렇게 무더기로 피어있었지.

모심는 날이었다. 이앙기는 일찌감치 논에다 박아두었다. 모판 떼어낸 못자리에 로터리를 쳐야 한 번에 모내기를 끝낼 수 있었으므로 모심기 전에 먼저 할 일이다. 경운기 끌어내어 로터리(흙을 잘게 부수는 기계) 맞춰 나가려는데 아내가 그랬다.

"영수엄마가 많이 아픈가 봐요."

경숙이 누나…….

동네 속이면서 외딴집. 우리 집 위에 살았다. 그래서 우리는 그냥 윗집이라 불렀다. 날 때부터 턱이 가슴패기에 붙다시피 해서 태어났다. 나보다 세 살 위였는데 숨 쉴 적마다 목에서 가래 끓는 소리가 났다. 아버지는 기억에 없이 일찍 돌아가셨고 스무너댓 집 모여 사는 동네에서 가장 가난했다.

남들 쌀밥 먹을 적에 보리밥 먹고 남들 보리밥 먹을 적에 감자 먹으며 자랐다. 가까이 다가오는 친구도 없고 다가갈 친구도 없었으므로 늘 울안에서 혼자 지냈고, 닭이나 강아지와 같은 짐승들 벗 삼아 지내다보니 자연히 말수가 적었다.

오랜 객지 생활을 끝내고 돌아왔을 때 검은 곰팡이로 시커멓게 변한 슬레이트 힘겹게 올라앉은 집에 그 누나와 비슷한 아픔을 갖고 태어난 남자와 결혼해서 살고 있었다. 영수라고 이름 지은 딸 하나 예쁘고 착실하게 커서 참 다행이라 여겼었다. 동네 사람들은 '경숙이'에서 '영수엄마'라 바꾸어 불렀다. 오가며 뜨랑에 앉아 창백한 얼굴로 먼 산을 바라보는 걸 자주 봐왔다.

모내기 위해 담갔던 김치를 나누어 줄 요량으로 갔더니 많이 아프다는 것이다. 영수아빠가 물 건너 제지공장에 잡일 하는 자리 얻어 가까스로 생계를 유지하고 있었는데 벌이가 시원치 않은 것은 어쩌면 당연한지도 몰랐다. 못 견디겠다 싶을 때마다 시내 의료원에 다녀오는 것도 그 집 살림에는 벅찼을 것이다.

동네 사람들 모두 일찌감치 논밭으로 일 나가고 동네는 텅 비었다. 하던 일을 멈추고 차 시동을 걸었다. 뒤로 돌아 들어가 집 앞에 차를 세우고 올라가니 늘 열려있는 사립문 옆에 찔레꽃 한 무더기 하얗게 피어있었다. 누나는 문가에 기대앉아 힘겹게 숨 쉬고 있었다.

"병원에 디리구 갈테니께 업혀."

부축해 걷기엔 거리도 멀고 얼른 다녀와서 모를 심어야 할 판이었다. 앞에서 등을 돌리고 쭈그려 앉아 손을 내밀었다.

"바쁠틴디……."

기운이 없어선지 미안해선지 선뜻 업히지를 못한다. 아내가 부축해서 가까스로 내 등에 업혔다. 숨소리는 작아지고 가래 끓는 소리는 커졌다. 급한 마음만큼 차가 쉬 달리지를 못한다.

"바쁠틴디……."

"많이 아펴?"

내민 약봉지를 신호 걸려 멈춰선 새 들여다보니 누구라도 알아보는 결핵약이었다.

"이거 어디서 났어?"

"……"

"약국에서 산겨?"

고통스러운 얼굴에 고개만 끄덕 끄덕거렸다. 끼고 사는 병이 한두 개가 아닌데 그중 하나가 결핵이라고 했다. 그 소릴 본인도 들은 모양이다. 약 먹으면 낫겠다 싶었는지 시내 약국에 가서 결핵약을 달라고 했단다. 돈 주고 달래는 사람이나 그렇다고 파는 사람이나…… 감기처럼 사나흘 약 먹고 떨어지는 병이 아니라는 걸 어찌 몰랐을까? 울컥 분이 솟는 걸 꿀꺽 삼켰다. 낯이 익어 익히 알고 있다는 듯한 의료원 여의사는 알고는 있지만, 도리가 없다는 듯 의례적인 물음과 답변 끝에 주사 맞고 약 타서 나오는 길.

"영양제라도 좀 맞으면 한결 낫겠는데……."

의사가 뒤통수에 대고 한 말이 걸렸다. 그렇지만 이미 늦어진 모내기를 서둘러야 할 형편이었다. 망설이면서 집으로 돌아와 다시 윗집에다 뉘고 내려오려는데 아까보단 나아진 얼굴에 미안하다는 듯 또 그랬다.

“바쁠틴디……”

“지발 그 소리 줌 그만햐!”

사립문 나서는데 찔레꽃 향이 코끝을 찔러왔다. ‘팽’ 하고 코를 풀고 나서도 막막하고 답답하기는 마찬가지였다. 병원 오가느라 까먹은 시간만큼 에누리 없이 늦어진 모내기. 경운기 전조등을 켜고 집으로 돌아왔다.

이튿날.

저녁상에 토끼탕이 올라왔다. 영수아빠는 집 둘레 동그라니 토끼장을 지어놓고 틈틈이 풀 베어다가 토끼를 먹였다. 궁색한 살림에 그나마 살아가는 유일한 숨통일 터인데 뒤늦게 얘기 듣고는 고맙다며 토끼 한 마리 가죽 벗겨 갖고 왔다는 것이다.

쯧…….

맥주컵에 소주 가득 부어 마셨다. 젓가락으로 고기 건더기를 집었다가 도로 내려놓고 숟가락 집어 국물을 안주 삼았다. 신록이 짙어가는 만큼 그녀의 병은 깊어갔던 모양이다. 이파리 누렇게 타들어 가던 모가 땅 내 맡고 생기 돌 즈음, 간밤에 119 앰뷸런스가 와서 영수엄마가 병원에 실려 갔다고 했다. 한 사나흘 줄곧 비가 내리고 햇빛 화사하게 내리쬐던 날.

가짓거름 줄 요량으로 오토바이에 비료 짝을 얹고 있는데 택시 한 대가 들어와 영수네 집 앞에 멈춰 선다. 웬일인가 싶어 쳐다보는데 영수아빠가 울먹이며 손짓한다. 쫓아가 보니 이미 뻣뻣해진 경숙이 누나가 마네킹처럼 뒷좌석에 앉아있다. 둘이서 차에서 끌어 내렸다.

생에 기름진 음식 한 번 배불리 먹어 보기나 했을까? 거울 앞에 서서 몸에 붙는 얇은 옷 한 번 걸쳐 보기나 했을까? 맘속에 담아둔 말 누구 붙잡고 속 시원히 털어놔 보지도 못하고 천사 같은 마음씨 하나만 찔레꽃인 양 대문 옆에 걸어놓고 그것 못 미더워 울안서만 지낸 세월이 50년이다.

천상에서 지체 높은 공주마마로 살다가 어쩔 수 없이 지은 죄가 있어 이 세상, 사람탈 쓰고 내려왔다가 '이제 됐으니 그만 올라오라!' 노염 풀린 '아바마마'의 부름을 받은 것은 아닐까?

"늬엄마 같이 착하구 훌륭한 분두 벨루 읎지…… 좋은 디루 가셨을껴…… 그리니께 용기 잃지 말구…… 열심히 살어야 햐."

훌쩍이며 어깨 들썩이던 영수는 재작년 좋은 사람 만났다더니 올봄에 아기 엄마가 되었다고 했다. 나중에 들었다.

그때, 하도 기운이 없어서 병원에 링거 한 병 맞고 갔으면 참 좋았으련만 바쁜 사람 차 얻어 탄 것만 해도 어딘데 염치가 없어 차마 그 말을 못 했다고…….

"이왕 늦은 거 들렀다 왔으면 좋았을 걸……."

두고두고 후회했다.

"어딜 가나 찔레꽃은 이렇게 무더기로 피어나네."
뒤따르던 아내의 말이 맞다 싶어 돌아보는데
"바쁠틴디……"
누나는 간 곳 없고 하이얀 찔레꽃만 무더기로 피어있다.

2009. 06. 30.

촌놈의 포도주 마시기

지가 작년 삼월부터 직장 근무를 일근으로 전환한 이후로 기울어져 가는 가세를 바루 잡구 가정경제를 재건하자는 기치 아래 조신하게 집안에서 살림이나 해야 할 내자마저도 산업전선에 나서다 보니께 먹을거리 장만하는 이른바 장보기 사업은 대개가 반공일이나 공일날 부러 시간을 내서 해야 하는 처지가 되었어유.

이 장보기 사업은 정확히 표현을 하자문 즈덜 내외의 공동사업이 아니라 내자가 하는 사업에 지가 수행을 한다구 해야 정확한 표현이 되겄네유. 첨엔 그래두 모처럼 시내 나가는 거니께 기분이 들떠 웃으문서 카튼가 하는 수레 밀구 쫓아댕기지만 좀 있다 보문 다리두 아프구 짜증두 나게 되는 것이 말유,

대형마트란 것이 대게가 좋은 상품 포장두 기가 막히게 깔끔하게 해 놨는디 이것저것 뒤집어보구 재껴보구 살듯하다 도루 놓구 딴 디루 가구…… 그러다 한참이나 지나서 도루 그곳에 가서 또 뒤적이구…… 이쯤되문 속에서 부아까지 슬슬 치밀어 올르지유.

그리타구 뭐라구 한마디 하문 집으로 가는 내내 피곤하다는 것을 지난 과거 경험을 통해서 체험한 것이고 보니 잊을 수가 읎지유. 조심조심 눈치봐가문서 자동차용품 파는 디나 술병 진열해

놓은 디 가서 그거 구경하는 것이 질루 나은 방법이란 것이 그동안 지가 터득한 요령이라문 요령이지유.

자동차 용품두 좋은 거, 기발한 거 참 많은디 하나 살라 그라다가 지가 끌구 댕기는 자동차가 사람으루 치문 낼모리 미수(헉~ 이거 지 수준에선 엄청 어려운 문자여유~)를 바라보는 연세다 보니께 늙은이 화장하는 거 멘치루 어울리지 않겄다 싶어 집었다 놓구 그러다가 자리를 옮겨서 술병 진열해 놓은 곳으로 가문 이런 생각은 한 번씩 꼭 하지유.

요놈의 술 죄다 쓸어 갖구 가서 친한 친구덜 불러 모아놓구 날 잡어 마시문 메칠 동안이나 마실라나? 크큭... 밤새도록 노나 마셔두 이튿날 그짓말 같이 속이 멀쩡할 저 양주, 고거 한 병 집어 넣으문 얼마나 좋겄나만 고등핵교 댕기는 아들 둘 지대루 갈치지두 못하는 주제에 언감생심 그냥 바라보문서 침만 꼴딱 꼴딱 삼기다가, '그려, 요런 궁핍이 좀 불편하다 싶은 것이 사람 사는겨.' 하구서는 카트를 밀구서 '우로 봐!' 하문서 가다가 끄트머리께 구석팅이에 진열된 포도주가 눈에 들어왔다는 거지유.

여기서 잠깐 각을 설해야 되겄어유.

아주 오래된 얘긴디유 지가 언젠가 한번 저기 서해안 어디껜디. 바닷가 레스토랑에서 폼 잡느라 포도주 한잔 시켜 먹은 적이 있어유. 그거 잔으로 파는 거 비싸 봤자다 하는 생각으로 잘 먹고 잘 마시구 나오는디 놀래라 정확한 액수는 기억에 읎지만 좌당간 생각보덤 엄청나게 비싼 돈 물구나서 두고두고 속이 쓰려 혼났던 적이 있어유.

그런 이유루다가 해서 매번 건성으로 지나쳤던 그 자리에 자시 디려다 보니께 비싼 것은 여전히 비싸지만 싼 것은 욕심내두 될 만한 가격이더라는 말씀이지유.

알파벳 비스무리한 글잔디, 지가 쉬 읽을 수 읎는 것이 불란서제가 분명코…… 두리번거리다 침두 몇 번 생키다가 질루 싼 거 한 병 집어갖구 슬그머니 카트 밑에다가 감춰 갖구 어찌어찌 나와서 싱크대 밑에다가 감추어 두었어유.

그리키 하구서는 까마득히 잊어뻰지구 있었는디 어느 날 저녁 상에 낙지전골이 올라왔는디 실력인지 실순지 몰러두 좌당간 맛이 기가 막히더라구유.

오죽했으문 즈희 엄니께서두 '요번 거는 간이 지대루 맞었다!' 그러시더라구유.

이거 무지무지한 호평이유 극찬 중에서두 상극찬이지유. 그러다 보니 저는 생각두 못했는디 엄니께서 '어이 아범! 한잔 하실라나?' 하시는거유. 그래서 문득 싱크대 밑에 숨겨놨던 포도주 생각이 나서 '엄니! 지가 아주 좋은 술 한 잔 디릴께유!' 하구서는 그거 갖구 나와 주둥이 씌워놓은 껍질 벗기고 보니께 코르크 마개루다가 막어 놓았더라구유.

생각지두 않은 난관에 봉착하구 보니께 아무리 머리를 굴려도 그걸 열 재간이 있어야지유.

젓가락 끄트머리루다가 후벼 파려구 해보니께 어림 반 푼어치구유, 송곳을 갖다가 낑낑거리다 보니께 안됐다 싶었던지 아내가 부엌에 가서 과도를 갖다 주더라구유. 과도 끝으로 후벼 파듯 파봐두 워낙 안으루 깊숙이 박아놓은 거다 보니 재간이 읎더라구유.

온 가족이 안쓰러운 표정으로 쳐다보구, 저는 이 난국을 딱히 헤쳐나갈 방법이 읎다 보니께 등허리에서 식은땀이 날 지경이구 참 난감하더란 말씀이지유.

무너진 하늘에 솟아날 구멍이 읎다문 어띠키 속담이 생겨났겄어유? 전광석화같이 둔한 머리에 문득 '나사못 하나 박어서 뺀찌로 잡아빼문 되겄다' 하는 생각이 들더라구유. 연장통을 열구 가장 긴 나사못을 하나 끄내서 드라이버루 돌려 박기 시작했어유.

가족들은 숨을 죽이구 저것이 가능할까 침을 꼴깍 생키는 소리가 들릴 정도로 조용해졌구유, 밥상 위에 낙지 전골 끓는 소리가 시간이 갈수록 크게 들려왔지유.

이쯤이면 되겄다 싶을 때 뺀찌로 나사못 대가리를 물고 지그시 힘을 주어 뽑아 올렸어유.

'퐁' 소리와 함께 코르크 마개는 열렸고 가족들은 모두 탄성을 자아냈지유.

크큿, 가장의 위기관리 능력 내지는 기똥찬 아이디어, 임기응변에 가없는 존경의 염이 담긴 눈길을 보내왔고 저는 으젓하게 어깨다가 심을 주구 지각기 한 잔씩 따르구 '위하여!'를 했어유. 촌놈의 포도주 마시기는 이리키 어렵사리 성공을 거두었어유.

지멘치루 시골 사는 분덜!

지레 겁먹지 마시구 혹 마트 가실일 있걸랑 포도주 한 병 사다가 드셔보세유 그런대루 새콤달콤한 맛이 질나다 보문 쓴 소주보다 반주로다가는 훨씬 나을티니께유.

근디 아무리 싼 포도주라두 소주보담은 훨씬 비싸니께 자주 드시문 본전생각 나실 걸유?

그리니께 드시기 전에 다 같이,

'피 한 방울 술 한 방울 안주는 내 몸같이, 위하여!'

2002. 06. 07.

추억이 없는 이야기

_돼지고기가 신김치를 만났을 때

"소스는요 @#를 큰 스푼으로 반쯤 넣어주시고 $%&를 티스푼으로 하나 넣으시면 맛이 담백해지고 우리 몸에 부족한 바이타민 #$%^@*&……"

티브이 요리 강습 시간.

따라 하려 해도 집에 스푼이라고는 밥숟가락뿐이라 계량에도 문제가 있거니와 식물성인지 동물성인지조차 종잡을 수 없는 요상한 재료를 준비하라는 통에 일찌감치 날개 접은 게 몇몇 번이던가?

아무 집 부엌이고 간에 찬장 문 열고 뒤지면 쉽게 나오는 그런 재료만 가지고 저것보다 더 맛있는 요리를 해보자 하는 가상한 생각으로 무사독학하기 또한 몇몇 해 더뇨.

인고의 세월, 무수한 시행착오를 거쳐 스스로 무르팍을 쳐대며 '바로 이 맛이야!' 하는 그 깨달음을 인류공영에 이바지하고자 하는 마음으로 공개하니 이는 누구라도 쉽게 조리하고 맛있게 먹게 할 따름입니다.

첫 번째 시간이니께 제목을 근사하게 붙여놓고 시작해야겄지유. 따로 붙일 거 읎이 맨 위를 보시문 디구유. 스탠바이 큐! 에 험험.

256칼라의 서양화보다 묵으로 그린 동양화가 더 예술적일 수 있는 이유는 동양화 특유의 절제된 선과 여백에 연유함이며 백여 명이 넘는 교향악단 연주보다 어디서 들려오는 일성호가가 성웅의 애를 끊을 수 있습다.

아직 못 알아들으신 분덜, 요리에는 꼭 필요한 것만 넣으라는 말씀임다. 냉장고 맨 위의 냉동실입니다. 거기 없으면 아래 칸 신선실 열어보십시오.

돼지고기는 목살 부위가 좋습다. 평소 통 크다 소리 듣다가 요리에서 낭패 보지 마시고 썩둑썩둑 크게 썰어 넣습니다. 같은 양이라 할지라도 먹을 때 푸짐하게 느껴짐다.

시절을 잘 만나서 그렇지 예전 같았으면 보관 연한을 넘긴 지 오래 전이었을 묵은 김치, 김치냉장고 하단에 것을 꺼내십시오.

아마도 네 쪽 중의 한쪽일 것입니다. 숭덩숭덩 썰어 넣습니다.

꽁다리라 부르는 부분 먹기 불편하다면서 그냥 버리시는 분 많습니다. 가로세로 아주 잘게 썰면 먹는 데 불편 없습다. 무와 더불어 뿌리와 줄기가 만나는 부분에 영양분이 다 모여 있습니다.

그래서 우리 집 가훈을 이렇게 정했습니다.

'배추 한 포기 버리는 건 용서할 수 있어도 김치 한쪽 버리는 건 용서할 수 읎다!'

고추장 또한 반 숟갈 정도만 넣습니다. 많이 넣으면 국물이 빽빽하여 찌개의 격이 떨어집니다. 대신 청양고추 잘게 썰어 두어 개, 빨간 고추 어슷썰어 두어 개 정도 넣어주십시오. 맛은 청양이 내고 생색은 빨강이 낼 것임다.

마늘은 한 통 반 까서 찧습니다. 마늘-웅녀 할머니께서 죽기로 작정을 하시고 백날을 하루 같이 잡수신 덕에 우리 후손덜 유전적 중독으로 어쩔 수 없슴다. 라면을 하나 끓이더라도 마늘 한 쪽 찧어 넣어 보십시오. 이제껏 경험하지 못한 새로운 맛의 세계를 느끼실 수 있습니다.

대개덜 도마 위에 올려놓고 찧습니다. 이때 여기저기 파편 튀어 고생하신 분덜. 손에 냄새 배어 저어하셨던 분덜. 김치 썰 때 사용하셨던 일회용 비닐장갑이나 돼지고기 싸두었던 비닐봉지에 넣고 그대로 도마 위에 올려놓고 찧어보십시오. 파편 하나 튀지 않고 손에 냄새 밸 걱정 없습니다.

찧기가 끝나면 봉지를 그대로 뒤집어 찧어진 마늘 고스란히 냄비 속에 넣으십시오. 조그만 아이디어가 우리 인생을 즐겁게 해준다는 것 느끼실 겁니다.

파, 생강, 두부는요? 참기름, 들기름에 후추, 고춧가루라굽쇼?

김치와 돼지고기가 어우러져 우려내는 맛, 이들이 망칠 수가 있습니다. 정 허전하다 싶으면 눈에 띄는 대로 양파나 하나 까서 넣어주십시오.

마지막 순서입니다.

간은 굵은 소금 2/3 정도 넣습니다. 싱겁다고 더 넣지 마십시오.

끓고 나면 김치가 갖고 있는 간이 배어나올 것을 고려한 것입니다. 행여 맛낸다고 조미료나 맛소금이나 다시다 이딴 거 절대 넣지 마십시오.

맛에도 깊이가 있습다. 인공 조미료의 얕은맛은 우선은 좋은 것 같으나 지나면 질립니다. 식당 밥보다 집에서 먹는 밥이 좋은 이유가 여기 있습다. 굵은 소금만 가지고 간 맞추면 깊은 맛이 납니다. 하루 삼시 세끼 먹어도 그 맛 그대로 갑니다. 우리 옆집은 가마솥에 끓여놓고 1년 365일 두고두고 먹습니다.

맛은 결국 간에 의해 결정된다 해도 과언이 아닙니다. 숟가락으로 얼마 하는데 믿음을 주지 마십시오. 간 맞춤은 1%의 영감과 99%의 경험에 의해 터득됩니다.

얼마 동안 끓이냐굽쇼?

그 타이밍 또한 1%의 영감과 99%의 경험에 의해서만 터득됩니다. 온 가족이 상에 둘러앉으면 그때 자리에 옮겨놓습니다.

"엄마 밥 좀 더 주세요?"

"찌개 어디서 난 거에요?"

"옆집에서 갖다 줬겠지……"

"웬일로 옆집에서 찌개를 다 갖고 왔대요?"

"우리 이제부터 아침에도 밥 먹죠!"

평소 칭찬에 인색한 겡상도 남편도 한마디 합니다.

"니, 미칬나?"

2004. 01. 08.

추억이 없는 이야기(2)

첫 번째 강의가 나가고 나서 장터 정육점 주인 양반한티 목살 좀 많이 팔았느냐 그랬더니 별반 차이가 읎다구 그럽니다.

한 가정의 주방을 책임지는 위치에 서 기신 분덜이 이렇듯 간편하고 맛있는 요리조차 외면하는 것을 지켜보면서 그분덜과 또 그 분덜만 바라보는 가족덜 건강이 참으로 걱정되는 그런 나날이었습니다. 그분덜의 반성을 촉구함다. 가족의 건강이 곧 인류의 건강이고 미랩니다.

요번만큼은 정신 바짝 차려서 따라 하시길 거듭 촉구디립니다.

그래서 이번에는 더 쉬운 닭고기 칼국수 편을 준비했습니다.

닭은 가급적 조선 닭이라 부르는 유색계를 선택하십시오.

우리 의사와는 상관없이 사람덜은 피부색에 따라 백, 황, 흑으로 구분됩니다. 우리가 허여멀건한 코쟁이라 흉보는, 그 허여멀건 한 사람덜은 지덜이 질 낫다구 그럽니다. 그러나 흑인영가 같은 노래 들어보문 조물주께서 시커먼스덜한티두 엄청 공들인 거 같습니다. 우리 뉘리끼리는 이도 저도 아닌 중간쯤 가는디는 일등입니다.

따라서 이것저것 합해서 평균 내 보문 다 똑같습니다. 한마디루 All men are created equal입니다. 닭 얘기하다가 사람 얘기루 흘렀습니다.

다시 닭 애기루 갑니다. 닭 중에는 유색계가 으뜸이구 그래서 그것을 우리는 조선 닭이라구 부릅니다. 그거 한 마리 통째로 옷 벗겨 달라고 해서 가져오십시오.

고거 넉넉히 들어갈 만한 양은솥에다 끓어도 넘치지 않을 만큼 물을 붓고 엄나무 애덜 손목만 한 굵기의 것 한 뼘 정도 길이로 짤러서 두 쪽으루 뽀개 넣으면 좋습니다.

엄나무를 왜 넣는가에 대해 잠깐 말씀드립니다. 닭은 원래 조물주께서 맹그실 적에 신덜찌리만 잡아 잡술라고 맹그신 것입니다. 근디 개를 시켜서 잡아 와라 하면 꼭 인간덜 사는 지붕으로 도망을 갑니다. 그러니 조물주께서 승질이 나셔서 우리 인간덜 한티 이르시길 잡어 먹구 싶으문 니덜이나 잡아먹어라 하구 인간덜한티 하사 하신 겁니다.

그럼에도 불구하고 닭고기 맛을 잊지 못하는 귀신덜이 자꾸 탐을 냅니다. 그래서 가시 달린 엄나무를 같이 넣어 끓여 귀신덜 못 오게 하는 겁니다. 예로부터 잡귀를 몰아내기 위해 대문에 엄나무 가지를 꽂아 놓는 이유도 여기에 있슴다.

어떤 분덜은 찔릴까 봐 가시를 떼어내시는 분덜 있는디 그러면 닭 삶어 귀신주는 격입니다. 뚜렷한 이유읎이 밤잠 못 이루시는 분덜 엄나무 가지 하나 베란다에 걸어놓구 주무시면 신기하리만치 잠이 잘 옵니다. 해보시지두 않구 그짓말이다 숭덜 보지 마시구 밑져야 본전이니께 한 번씩덜 해보시기 바랍니다.

다시 진도 나감다.

엄나무 가지를 밑에다 놓고 그 위에 드러눕는 자세로 닭을 올려 놓습니다. 생전 모이 찾아 땅만 쳐다 보구 살아온 계생, 마지막으루다가 하늘 한 번 쳐다보구 가라 그러는 겁니다.

그담에 마늘을 세 통 까서 통째로 넣습니다. 왕소금 딱 한 숟갈만 넣습니다. 어떤 분덜은 끓기 시작하면 넣는데 일찌감치 넣어야 속속들이 간이 뱁니다. 변함없는 철칙 중의 하나가 음식에는 간이 제일이라는 거 누누이 말씀디림니다. 그만큼 중요함다.

불을 붙여 끓이기 시작하고 일단 끓기 시작하면 국물이 넘지 않을 정도로 불을 낮추시고 볼 일덜 보시면 됩니다. 끓는 동안 마늘에 대해서 잠시 또 한 말씀 드리겄습니다.

왜 요리마다 마늘을 넣을까? 하다못해 삼겹살 한 점에도 마늘 한 쪽이고 생선회 한 점에도 마늘 한 쪽만은 꼭 넣어 먹습다.

육식과 마늘이 아주 밀접하게 관련 있다는 걸 알 수 있습다.

단군왕검께서 웅녀를 맞아 드리실 적, 사람 되는 조건으로 백일 동안 먹으라는 것이 마늘하구 쑥이란 거 다 아는 사실임다.

잠시 딴 얘기 같으면서 관련된 불교 얘기하나 말씀디리겄습다.

아시다시피 불교의 제 일계는 불살생입니다.

절에 댕기시문서 고기 좋아하는 분덜은 부처님 말씀 취지는 고기를 먹자문 부득이 살생을 해야 하니께 그 살아있는 것을 죽이는 과정에서 악의가 생겨나니 그것을 경계해야 하구 부처님 살아기실 적엔 인구가 즉어서 식물성만 먹어두 디지만 요즘 시댄 워낙 인구가 많으니 부득이 고기를 먹어야 한다. 그러면서 이것을 상황 윤리라구 그럼다.

어떤 이덜은 그럼에도 불구하고 부처님이 불살생을 말씀하시문서 이것은 아무리 세월이 지나도 변함읎이 지켜져야 한다고 주장하는 분덜두 기십니다.

어떤 것이 맞는지를 떠나서 우리 조상덜은 대대루 마늘하구 같이 먹어왔기 때문에 반만 년 역사 속에 수많은 외침을 받아왔음에도 단 한 번도 남의 나라를 침공한 적이 읎는 그야말루 문화와 예술만 끔찍이 사랑하면서 살아왔다는 거, 다 마늘에서 연유합니다. 요는 마늘이 우리 맘속에 잠재해 있는 악한 마음을 선하게 바꾸어 준다는 것입니다.

허구한 날 밖에서 두들겨 맞구 들어오는 집 애덜한티는 마늘을 멕이지 마시구 외려 두둘겨 패구 들어와 속씩이는 애덜 가지신 분덜은 마늘을 많이 멕이십시오. 요즘 이라크 파병문제루 온 나라가 가마솥에 물 끓듯 한디 양놈덜 우리보구 마늘 냄새 난다구 숭보지 말구 지덜두 알어서 마늘 좀 먹으문 그짓말 같이 평화가 찾아올 겁니다. 먹으래두 안 먹겠다는 거 억지루 멕이지는 못할 일이구 보니께 엄청 딱합니다.

쑥에 관한 한 히로시마 원폭 떨어졌을 때, 동물이구 식물이구 죄다 타죽었어두 쑥만은 퍼렇게 살아있다는 얘기가 있습다. 사실여부를 떠나서 끈질긴 생명력을 가진 건 사실입니다. 자주 많이 드시문 구약에 나오는 분덜 멘치루다가 너무 오래 사니께 봄 한 철 쑥떡 찌어 드시문 됩니다.

얘기가 한참 딴디루 흘렀습니다.

푹 익은 것 건져내어 쟁반에 올려 다 같이 뜯어 드시문 됩니다.

닭고기는 부위마다 맛의 차이가 요즘 일교차 멘치루다가 큽니다. 누군 얼어죽구 누군 데어죽는 불공평이 가족 간에 있을 수 없습다. 갈기갈기 찢어 골고루 섞어 먹게 맹그십시오. 뜨겁다. 손 못 댄다 하지 마시구 목장갑 속에 끼구 겉에 비닐장갑 끼시구 만지문 아무 문제 읎습니다.

뼈다구는 추려서 개 갖다 주심 됩니다. 허구한 날 쫓아 댕기다 지붕 위에 올라간 거 쳐다보며 쌓인 울분을 풀어주기 위함임다.

오줌 메려운 사람이나 승질 급한 사람 누구 하나 중간에 일어나서 국물에 칼국수 넣구 오십시오.

일하다가 쉬는 시간은 좋지만 먹다가 쉬는 시간은 입맛 달아나는 시간이구 김빠지는 시간입니다. 쉬는 시간 읎이 연이어 칼국수 드실라문 이점 유의하십시오.

제 말씀이 못 미더워서 소금 조금 더 넣으시구 나서 가족덜이 짜다 그러면 국물에다 맹물 붓고 나서 간이 맞는다고 우기시는 분덜 기십니다.

등유나 경유나 같은 원유에서 추출한 것이지만 한 용기에 넣어도 섞이지 않습니다. 국물에 찬물-같은 수도꼭지에서 받은 것이라 할지라도 섞이지 않습니다. 음식에는 간이 제일이라는 것 매우 중요하니 밑줄 좍 그시고 절대 잊지 마십시오.

부엌문, 싱크대, 소금통 등등 눈에 잘 띄는 곳에 죄다 써 붙이시구 과년한 딸년 기신분덜 귀에 못이 박일 때 꺼정 강조해 주십시오.

가족사랑, 인류평화! 여러분의 손끝에서 시작됩니다.

2004. 01. 12.

해질녘에 안동에서

"지금으로부터 팔 년 전, 내가 식도암 판정을 받고 수술대에 오를 때, 너그 어마이는 더도 말고 칠십까지만 살아주면 원이 없겠다고 했었다."

안마당에 맷방석 깔아놓은 자리, 칠순 맞으신 장인께서는 다섯 남매와 그 배우자들, 그리고 그들의 2세를 죄다 불러 앉히고 뜨랑에 걸터앉으셔서 말씀을 시작하셨다.

"그 팔 년이 지난 오늘 무더운 날씨에도 불구하고 멀리서 찾아준 자식들에게 미안하구 고맙다. 칠십을 살아낸 내가 얼마를 더 살지는 나도 모른다. 허나 내가 세상 하직하고 난 이후에라도 너희 어마이 저버리지 말고…… 동기간에 서로 위해 가며……."

상 위엔 갖은 음식과 과일, 술병이 텃밭에 선 옥수수나무처럼 즐비하게 서 있다.

결혼 당시 중학생이던 막내처남 내게 술 따라주며 담배 하나 달라 하고…….

이런저런 말씀 끝에 죽마고우로 형제같이 지내시던 앞집 아저씨가 죽었다고 했다. 술을 좋아하고 내성적이며 사람이 퍽이나 순해서 마주쳐 인사하면 겸연쩍은 웃음으로 고개 숙이던 그 아저씨가 죽었다고 했다.

고추밭에 소독하기로 되어 있었다고 했다. 시내 농약 방에 약 한 병 사 들고 돌아오는 길, 주유소 옆, 아는 얼굴들과 마주친 술자리에 끼어들었다고 했다. 느지막이 집에 돌아왔을 때, 다섯 살 많은 부인의 견디기 어려운 질책에 고추밭에 약 뿌리다가 그 약이 고추 벌레만 죽이는 단순한 농약이 아니라 고달픈 세상과의 연을 끊을 수 있는 효험이 있음을 알았던 모양이다.

매미 껍질 벗는다는 해질녘에 그렇게 갔다고 했다.

이튿날 아침엔 안개가 앞산을 가릴 정도로 짙게 깔려 있었다.

아침 초대받은 동네 사람들 하나둘 대문 안으로 들어서고 유심히 쳐다봐도 그 다섯 살 많은 부인의 모습은 보이지 않았다.

……

부산 속에서 설거지 끝내고 모였던 자식들 짝지어 하나둘 제자리 찾아 떠나는 시간. 예견했던 것처럼 인사는 한결같았다.

"어이 하든 어른 잘 모시고 잘 살게이."

작년 요맘때. 윗동네 아랫동네 다 합쳐 나처럼 암 걸린 사람들 대여섯 명, 그들 다 앞세우고 나만 멀쩡히 이렇게 살아 있다며 흡족해하시던 어깨에 힘이 빠져 보였다.

동네를 벗어나 다리를 건너 좌회전하면 동네를 원심 삼아 실 매달은 추처럼 원을 그리며 돌다가 끊어진 실에 추 날아가듯 동네를 벗어난다. 강 옆으로 미루나무 줄줄이 늘어선 도로 천천히 가속 붙일 때 아내는 창문을 열었다.

행여 아직 마당에 서 계실까?

고개 돌려 바라본 마을. 그가 살았던 슬래브 집이 아무 일 없었던 듯이 앉아있고, 아직 거기 서 계시건만, 손 흔드는 우리 알아보지 못한다.

기다렸다는 듯 매미 소리 요란하게 들리는 것이 먼 길 떠난 친구 어쩌면 못다 한 얘기 하고 간다고 다시 돌아와 저리 울어 젖히는 것은 아닌가?

"앞에 좀 보고 가소!"

아내의 지청구에 가까스로 핸들 바로잡아 가면서도 귓전에 또렷이 들려오는 것은 그 매미 소리였다.

2001. 07. 24.

왕소나무 친견기

돌이켜 보면 33년 넘는 세월을 저 철길 위에서 어둠을 밀어내며 밥 빌어먹고 살아왔다. 오늘도 어김없이 새벽이 저 어둠을 밀어내면 나는 퇴근한다. 그리고 단 한 번도 어김없이 어둠을 밀어내는 새벽이 내게로 왔다. 난 풀려나듯 철길을 벗어나면서 오늘 하루 내게 주어진 이 특별한 시간을 어찌할꼬?

문득, 누구셨던가?

괴산에 왕소나무가 있다 했다. 왕고모, 왕시누이, 쉽게 얘기해서 대빵이라는 얘긴데 소나무의 대빵은 과연 어떻게 생기셨을까?

……

가보자! 그래서 갔다.

괴산군 청천면 삼송리에 있다 해서 찾아갔다. 가까스로 찾아가긴 했는데 자동차 한 대 겨우 지날 정도의 좁은 길 요리조리 지나 찾아간 곳. 과연 명패부터 달랐다.

오른쪽 부채꼴 형상의 모습이 왕소나무이다. 왼편은 아마도 늦게 얻은 재취인지 자녀인지 칠십 성상 머물다 가는 인간의 눈으로 가늠하는 것 자체가 무리 아니겠나 싶었다.

쓰여 있듯 춘추가 대략 600년이라 했다. 저 산을 마주 보고 구름 일다가 스러지듯 집 짓고 논밭 일구며 살다 서둘러 가는 인생 몇몇을 보며 무슨 생각 하며 예까지 왔는가?

생각이 많으니 자연 가지도 많이 갈라놨겠다.

요리조리 둘러 생각 따라 이리 꼬이고 저리 꼬이고 아니,

꼬이시고

아뢰기 참 황송하지만 이 도령 춘향이 벗겨놓고 이리도 보고 조리도 보듯이 돌고 돌며 바라보니, 보는 각도마다 자태가 새롭다.

과연 승천하는 용의 모습이라 한들 이 마당에 누가 제정신에 이의를 제기하겠는가? 왼쪽으로 두 발짝 떼고 올려보고 다시 오른쪽으로 아홉 발짝 떼고 올려도 봤다.

그러고 보니 송구스럽다. 과연 왕소나무요.

원래 세 그루가 있어 동네 이름도 삼송리라 하였으나 두 그루는 오래전에 작고하셨다 한다.

그렇다고 누대로 내려오던 동네 이름마저 일송리라 바꾸어 부르면 600년 춘추의 왕소나무에 대한 도리가 아니다 싶긴 하였다.

안해는 저 사람들 좀 빨리 갔으면 했다. 저 왕의 옆구리를 잡고 소원을 빌면 소원이 이루어질 것 같다는 그럴듯한 생각을 아주 적절한 시기에 들었던 모양이다.

저 사람들도 나름 머물고 싶은 욕심이 우리만큼은 있지 않겠나?

안해는 비로소 고개를 끄덕였다. 안해는 큰아해 합격을 빌었을

테지만 난 안해의 건강을 소원했다.

왕소나무 앞에서 누군가 아주 건방지게 아끼는 신하를 베어버렸던 모양이다. 건방지기는 매한가지인 누군가가 그 그루터기에 걸터앉았다. 본래 오래 머무는 데 익숙지 못한지라 돌아서 가려는데 돌아본 자태가 또한 새롭다.

600년 동안 한결같이 맺고 떨어뜨린 저 솔방울. 범상치 아니하다며 안해는 한줌 주워 간다고 했다.

아주 오래전.

이즈음 어딘가에 소나무 한 그루 서 있었을 것이다. 솔방울을 매달고 견디다 바람에 삭아져 문득 바람 한 자락에 솔 씨 하나가 몸을 실어 여기 이 자리 '톡' 하고 떨어져 싹을 틔웠을 것이다.

비와 바람과 햇볕이 서로 도와 600년 세월, 뿌리와 잎새 사이 줄기 따라 부지런히 오가며 덩치를 키우고 표나지 않게 늘 푸르도록 잎새를 갈고 솔방울을 맺고 떨어뜨리다가 오늘도 한결같이 오십 중늙은이 내외를 맞아 저 솔방울을 내어주는 왕소나무에 감사하는 마음으로 작별한다.

산은, 나무는 그냥 있는 그 자리를 탓하지 아니하고 육백 년을 한 자리에 암말도 하지 않고 서 있는데 나는 벌써 또 왔던 곳으로 돌아가려 한다.

언젠가 나무를 보면서 나무만도 못한 인간이 나무를 헤아리는 마음으로 시를 한 수 읊었다.

이것도 참 쪽팔릴 일이긴 하지만…….

애타게 그리워하거나 금방이라도 안 보면 죽을 것만 같은 그런 열정이 없음은

우리가 나이를 먹고 세상 사는 이치를 그만큼 깨달아서 이리라

너는 너대로 네가 서 있는 거기에서 하늘을 보며 자라고

나는 나대로 내가 서 있는 여기에서 하늘을 보며 자라고

마주 보고 서로 고목이 되어 가는 것을 바라보면서

아주 다행스럽게도 때로 바람이라도 불면

서로의 가지가 부딪히며 손이라도 잡을 수 있는

그런 두 그루 나무가 되어서 사는 것이다, 우리는

인간의 마음속에는 깊이를 가늠할 수 없는 깊은 못이 있다 했다.

그 심연에 대한 참담한 이해

그 참담함이란 다름 아닌

너도 한 그루의 나무로서 나 또한 한 그루의 나무로서

평생을 마주 보며 살 수 있을지언정

하나가 될 수 없다는 그 깨달음은 아닐는지

그 '이해'에 아파하면서, 수많은 생각의 가지들을 갈라내다 가도 스스로 다가갈 수 없는 절망에 가끔은 잎새마저 떨어내도 보고 처연히 하늘만 쳐다보며 외롭게 늙어 갈지라도 우리는 나무가 되어야 하는 것이다.

다시금 싹을 틔우고 가지를 갈라내고 매미를 옆구리에 붙여도 보면서

별이라도 있으면 그늘이라도 그려 볼 일이다.

바람이 불거나 혹은 그렇지 않거나…….

2010. 09. 08.

강원도, 말이거나 글이거나 사진이거나

스무 살 시절, 석탄 먼지 까맣게 일던 탄광촌에서 한동안 지냈던 기억 외에 사돈의 팔촌까지 헤아려 봐도 강원도에 내 연고가 없다.

자동차가 생기고 회사에서 아주 맘에 드는 쉼터를 바닷가에 지어 놓았기에. 그리고 하나 덧붙이자면 아주 오래전, 앞날을 아주 멀리 내다보시는 선승께옵서 '혹여 댕겨 갈 일 있거들랑 둘러나 보아라!' 하고 꽤나 큰 사찰 하나 지어 놓았기에.

이렇게 들러본다.

이른 새벽에 목탁을 치면 그 소리가 물경 이십여 리 까지 퍼진다 했다. 그리고 그 소리는 본시 똑똑한데도 불구하고 무명의 구름에 그 똑똑함이 가린 똑똑한 중생들의 똑똑함을 일깨우기 위함이라 얼핏 들었다.

하물며 저 종소리야!

생각이 여기에 미치니 종치는 법을 가르치는 저 어머니께옵서는 얼마나 똑똑하시며 그 아해 또한 그 똑똑함을 얼마나 고스란히 물려받겠는가?

그러다 문득 눈길이 발에 이르렀다.

저 아해의 신발은 난전에서 삼천 원이면 흥정 없이 단번에 거래가 가능한 것인데 비하여 저 어머니의 신발은 한 푼 에누리 없이 정가로만 파는 곳에서 물경 십만 원 하고도 삼천 원은 족히 넘으리오다.

높은 곳에 오르면 오른 만큼 내려다 본 풍경은 이리 알흡답다. 그리고 꼭 그런 것은 아니지만 오른쪽으로 고개 돌려 본 풍경이 더욱더 그러하다.

문득 고등학교 교련 시간에 배우고 군에서 더욱 다듬은, 분열시간에 사열대 앞을 지날 적, 긴 칼 입에 대었다가 아래로 돌려 치면서 '우로 봣!' 하는 그 '우로 봣!'은 늘 고개 돌려 바라보는 그 오른쪽이 볼거리가 많기에 좌로 보지 말고 우로 보란 깊은 뜻이 있었던 것은 아닐까?

홀로 머쓱한 생각에 오른쪽으로 고개 돌려, 바라 본 풍경 또한 왼쪽보다 알흠답다.

바다와 바위, 바다와 바위와 소나무, 바다와 바위와 소나무와 사람, 바다와 바위와 소나무와 사람과 바람.

잘만 어우러지면 이보다 더 알흠다운 풍경이 없겠다. 그중에 종종 사람과 바람이 그림을 망치긴 하지만……

초가집 지붕에 박 넝쿨이 올라가고 여기저기 구를 듯 얹혀있는 누런 박덩이와 새하얀 박꽃이 피어나 달구경 하는 동요가 그려준 그림은 내 유년 시절 아직도 바래지 않은 그림이다. 그것만인 줄 알았는데 저 아랫녘 송광사 기와지붕과 처마를 보고 나서 비로소 저런 그림이 눈에 들어오기 시작한다.

딴은 초가집만이 초가지붕 위에 얹혀있는 박덩이 모양으로 음봉산 아래 옹기종기 얹혀있듯 모여 있는 동네에서 자라 온 때문이기도 하다.

사람들은 무엇이든 기념하기를 좋아한다. 어디를 가나 사람들이 모여 있는 곳엔 이렇게 기념하기를 좋아하는 사람들의 욕구를 충족시켜주기 위한 가게가 있다.

안해는 일금 삼천 원짜리 기념품을 샀다. 작은 손잡이 끝에 한눈에 봐도 비싸지 않은 티가 나는 모양의 옥색 플라스틱 도르래가 달려있어 그것을 얼굴에 문지르면 잔주름이 펴진다는 굳이 이해를 돕기 위해 말씀드리자면 얼굴 다리미 하나 손에 쥐고 나온다.

까르르 웃으며

"이거 가지고 문지른다고 잔주름이 펴지겠나? 그냥 기념 삼아 하나 샀다!"

생각느니 눈물겨울 뿐이다.

"비싸지 않은 것으로 싸게 싸게 행복해할 줄 아는 안해 덕분에 우리 내외 이 만큼 누리고 살고 있지 않나?!"

'우로 봣!' 원칙은 어디서든 통한다.

기념품 가게엔 삼천 원짜리 얼굴 다리미만 있는 게 아니었다. 한쪽에는 몸에 좋고 영양가 많은 비싼 차도 있어 저렇게 폼나게 마시는 장소도 마련되어 있건만 어찌 삼천 원짜리 얼굴 다리미만 눈에 쏙 들어왔을까?

'길에서 길을 묻다.'라고 새겨놓은 표지석 지나 왼쪽 오르막길 오르다 보니 씌어있듯 턱하고 지나는 길손의 통행을 불편하게 한다. 대한민국 엔간한 절간치고 문화재 관람료라는 명목으로 돈 걷지 않는 절간이 없고, 대한민국 절간의 기와는 왜 그리 자주 깨지고 삭아 부서지는지 기와 불사 하겠다고 손 내밀지 아니하는 절간이 없다.

지난 큰 화재 모두 다 딛고 일어섰다면서 찾아오는 중생들에게 떡 돌리고 합창단 시켜서 노래하며 기념하던 것이 올 늦은 봄이었는데 그새 또 무엇을 짓고 무엇을 뜯어고치려 난리인가 하다가 맨 아랫줄 "낙산사 주지 두 손 모음"에 눈길이 멎는다.

두 손 모음이라니 어찌 저런 기특한 말을 생각해 냈을까?

한때 도나 개나 사장님이요, 개나 걸이나 사모님이라고 사장님 내외분을 함부로 일컬어 정작 진품 사장님과 명품 사모님의 권위가 손상되는 것을 우려하던 시절이 있었다.

이후 이것도 모자라 사람은 물론 가구나 전자제품 심지어 주방기구에 이르기까지 의인화하여 극존칭을 남발하는 요즘 세태를 걱정하다 지쳐 화가 치밀어 오른 지도 오래다.

"이 냉장고는 조금 더 비싸세요. 이것은 오백만 원이십니다."

이번 올림픽을 지나오면서, 특히나 운동경기 해설한답시고 마이크 잡으신 '어르신'께옵서들 원 없이 뇌이고 또 뇌이었던 '보여집니다.' '보여집니다.' '보여집니다.' '보여집니다.'

라식수술이 잘못되었나? 그들이 낀 안경이 잘못되었나?

그냥 보면 보이는 것을 그래서 '보입니다'라고 하면 될 것을 도나 개나 '보여집니다. 보여집니다. 또 보여집니다.'

인터넷에서 내려 받아 보는 공짜영화. 내 영어가 짧은 것을 도와주기 위해 자막 달아주는 일면식도 없는 번역가 선생님들께옵서는,

'안 된다'를 '안됀다'라고 하고 정작 '안돼서'는 '안 되서'로 하나같이 약속이라도 한 듯 남발하는 탓에 혼란스럽기 그지없고 사랑

하는 우리 아해들은 한발 더 나아가 '졸라'니 '쩐다'니 이런 어원 마저 아주 민망하거나 찾기 힘든 말로 자기네들끼리 소통하니 우리 증조부께옵서 제주도 방언 알아듣기 보다 더 어지러운 세상이 되어버렸다.

와중에 합장, 합장, 자기네들이 길들여 놓은 말 제쳐두고 순우리말 가져다 턱 하니 붙여놓으니 일전 얼굴에 개기름 흐르는 일부 승려들이 고스톱에 룸살롱인가 하는 술집 드나들었다는 얘기 마저 용서하고픈 생각이 절로 들어서 막은 길 돌아가면서 스스로 기도한다.

원하옵고 바라옵나니 두 손 모은 이곳 승려들이 하루가 다르게 정진하여 나를 포함한 뭇 중생들을 다 건지게 하옵소서!

대포항이다!

쉼터에서 멀지 않은 곳이기도 하고 눈요기와 더불어 동해가 전해주는 안주를 점지하는 재미로 꼭 들르는 곳이기도 하다.

한편으로 북한은 왜 미사일 이름을 이곳 지명을 따서 지었을까? 혹여 생각 짧은 정치하는 사람들이 그 이유를 들어 이곳의 발전을 가로막는 정책이나 펴면 어쩔 것인가?

모두가 '쓸데없는 걱정'이라는 것을 보여주는 듯 이곳은 '공사 중'이었다.

입구에서 오른쪽 줄지어 있던 튀김 골목.

그러니까 바다 쪽은 죄다 헐어내어 공사 중이고 쫓겨난 튀김가게들은 길거리 나와서도 줄지어 가게를 열었는데 그중에 딱 한 집만이 사람들이 줄을 선다.

저 뒷모습의 두 이모님께 대단히 송구스러운 말씀이나 줄을 선 집이나 줄 서지 않은 집이나 튀김의 가격은 똑같고 맛 또한 크게 다르지 않았다.

그럼에도 불구하고 저렇게 줄을 서고 있다.

영문 모르는 사람들은 매일 오는 것 아닌데 기왕이면 줄 선집에 줄 서서 사는 것이 맛있지 않겠나 하는 생각으로 또 줄을 선다.

"점심 문나?"

"물새나 어디 있노? 다 알면서리!"

줄 선 손님맞이 하는 저 존경하는 이모님 두 분의 대화를 얼핏 엿들으면서 이후 나라도 앞장서서 저 두 분 이모님의 한가하고 맛있는 점심을 위하여 '줄 안 선 곳에 줄 설란다.' 다짐하면서 회 뜨러 간다.

우리 일행을 대표하여 오늘 올 거라 특별히 기별한 적이 없는데 저렇게 물 좋고 색 좋은 문어 한 마리 잠시 뜨거운 물에 몸 데우고 나와 우릴 위해 기꺼이 물속 생을 마감한 것에 대해 깊이 '거시기'

했다. 또한 이 '거시기'는 이후 뜻을 같이한 광어와 우럭 그리고 멍게 등 물속에 같이 몸 담가 살아왔던 무리에게도 같이 '거시기' 함을 밝혀둔다.

동해 바닷가에서 해는 바다에서 뜨되 지기는 어디로 지는 것일까? 오는 동안 소나기도 스쳐 지나갔고 안개비도 오르락내리락 오리무중인데 노을이 진다. 쉼터의 창가에 나와서니 왼쪽 물치항과 더불어 오른쪽 낙산사 쪽이다.

노을이라!

어느 단체고 어느 학교에서 주최하거나 개최하거나

크거나 작은 상이나 상품을 내걸고 초등학교, 중고등학교 학생들을 대상으로 한 글짓기에서 상 받은 작품 중에 노을에 관해 쓴 글을 본 적이 있는가?

젊은 날 우리 언제 저 노을을 여유롭게 침을 꼴딱 삼켜가며 '으흠' 신음 내가며 바라본 적이 있었던가?

우리 세상 살면서 내가 부모 되어서야 알 수 있는 부모 마음이 있듯 그 나이 되어서야 비로소 눈에 들어오고 깨달을 수 있는 것들이 있다.

어둠이 내리고 오징어 배 몇 척 멀찌감치 우릴 위해 불 밝혀 주는 가운데 소주에 맥주 섞어 미리 장만한 안주와 더불어 마시는 술이 어찌 그리 맛이 있던지 밤 깊어 가는 줄 모르고 한 얘기 또 하고 스스로 아까 한 얘기 또 한다고 얘기하면서 마셨다.

딴은 올봄 어느 눈 밝은 복부초음파 검사하시던 선생님께옵서 내 췌장 속에 직경 1센티 크기의 물혹을 발견하시었고 충북에서 제일 큰 병원, 제일 용한 선생님께옵서 두 차례에 걸친 정밀 검사와 세 차례의 면담 끝에 살아가는 데 크게 걸릴 것이 없을 듯하다는 진단을 내리신 터라!

화장실 들락거리면서 오랜만에 허리끈 끌러놓고 잔뜩 마시는 가운데 강원도의 밤은 깊어갔다.

"내게 하룻밤을 더 허하여 주옵시면 원이 없겠나이다!"

낙산에서 하룻밤을 보내고 난 아침이면 대개의 기독교인이 식사 전 하는 짧은 기도처럼 난 이렇게 기도한다.

오는 길이 멀었고 가는 길 또한 오는 길 만큼 멀기에 머물고 싶어도 더는 시간이 허락하지 않는 강원도에서의 둘째 날은 아침부터 마음이 심란하다.

그 아쉬운 마음을 조금이나마 덜기 위해 가는 길에 횡성에 들러 작심하고 쇠고기도 배불리 구워 먹어도 봤고 증평에 들러 면발

못지않게 국물 맛이 기막힌 냉면집도 들러보기도 하지만 언제부턴가 주문진에 들러서 간다. 넓히고 뚫어놓은 길이 주문진을 스쳐 지나가게끔 만든 탓이기도 하다.

늦은 아침.

저녁에 먹다 남은 매운탕에 남은 밥 말아 먹거나 눌은밥에 무장아찌 반찬 삼아 먹으면서 남은 술 박박 긁어 해장까지 배불리 한 덕에 보이는 것이 모두 여여하기 그지없다.

오토바이의 부지런함보다 아침햇살 등에 지고 마주 앉아 담배와 더불어 피는 게으름이 눈에 먼저 들어오는 것도 그 때문이다.

꼭 박물관이라 이름 짓지 않아도 박물관은 어디든 있다. 한때 전성기를 누렸던 '지게 벗기 운동'의 선두주자도 바통 이어주고 양지쪽에서 졸고 있다.

저 지게와 더불어 비린내 나는 이곳을 누비며 번 돈으로, 아버지께옵서 흘리신 땀으로, 대처에 나가 '크게 된' 자식들은 이 '구르마'의 수고로움을 기억할까?

승진 턱의 술자리에서 오늘날 내가 있기까지에는 지금도 비린

내 풍기는 항구에서 생선 나르시는 우리 아버지의 딸이 팔 할이었다고 울먹이는 목소리로 당신의 굽은 등을 제가 펴 드리지는 못할망정 그 은혜만큼은 고대 죽어도 잊지 않겠다고 눈물 흘리면서 주위를 숙연하게 한 적이 있을까?

"내가 무신 한 게 있다고…… 다 지가 잘나서 그리된 것이지!"

자식에게 영광 돌리는 아버지의 그 너그러움을 반쪽이라도 닮기라도 한 것일까?

오십 촌부의 무성한 생각과는 달리 햇살만 따사로이 비치는 이곳 주문진항은 그저 고요하고 평화로울 뿐이었다.

약육강식이라! 약자이기에 먹히는 것까지는 좋다 이건데 오직 사람만이 이렇게 불에 굽기까지 한다. 더러는 말리기도 하고 배불리 먹고 난 아침이니 식탐까지야 있겠냐만 색이 고우니 보는 눈이 푸짐할 뿐이다.

연기 자욱한 이곳에서 사람들이 이렇게 모여 먹어댄다.

문득 동물의 세계란 프로에서 먹이 둘러싸고 까맣게 모여있던 갈매기 떼들이 생각났다.

먹이 앞에 놓고 모여 먹는 것이야 사람과 짐승과 여타 동물들과 구별이 필요하겠나?

바닷가 화장실이 잠깐 우릴 즐겁게 했고 마지막 남은 시름마저 덜게 해주었다.

처가가 안동이래서가 아니라 인정하고 싶진 않지만, 안동 간고등어보다 두 배 반이 더 맛있는 노르웨이산 고등어 넉넉히 사서 집으로 향하는 길.

얻어 탄 차, 조수석에 앉아 가는 안해의 손이 눈에 들어온다. 섬섬옥수는 아니다.

두 아이를 키워내고 뒤끝 만만찮은 남편 뒷바라지에 '시어머니' 봉양으로 보낸 세월이 삼십여 년 어느덧 오십 대 중년에 이르러 하룻밤 강원도 여행도 호사라고 흐뭇해하던 안해.

우리 프로야구!

꼴찌를 달리고 있는 한화에 김태균이란 걸출한 4번 타자가 있다. 마운드에서 모든 투수가 기를 쓰고 치지 못하게 구석으로 던져대도 놀라운 재능을 지니고 있는데다가 남달리 흘려낸 땀으로 모든 타자들이 꿈꾸는 4할 대에 근접하는 타율을 일구어낸 기록으로 이제부터 시즌 끝날 때까지 안타 하나 못 치더라도 타율에서 단연 일등이라 했다.

안해여! 사랑하는 내 안해여!

그대 지금까지 나와 내 가족에게 이바지한 공헌만으로도 이미 그대 할 도리를 다했으므로 여생 하루하루 맘 편히 하고픈 것 하나 하나 빠뜨리지 말고 누리면서 살아가시길 앙망하오!

2013. 01. 30.

앙코르와트 한 번에 둘러보기

첫 번째 이야기, 남쪽으로 날아가다

2011년 12월 24일 오후 세 시 반 경

굳이 겨드랑이에 날개를 붙이지 않더라도 누구나 새가 될 수 있는 곳.

그리하여 수만 리 먼 길을 날아가는 외유의 시작은 청주공항 곧 인터네셔널에어포트이다.

밤새 하얀 눈이 내렸고 인근에 충북선이 지나가는 고로 청주국제공항역이라 이름의 간이역이 있다.

전에 살던 시골집 마당만 한 광장이 있어 그곳에 주차를 시키고 저렇게 걸어간다.

국제선 항공기를 이용하는 고객에겐 주차비를 반으로 깎아주겠다고 하지만 거기는 무료이기 때문이다.

일단 집 밖을 나서면 최소한의 경비로 최대한 보고 오자는 여행철학이라 강변하지만 딴은 쪼잔하기 그지없는 촌부의 변설이기도 하다.

그렇다고 하더라도 호텔 나올 적 침대 위에 올려놓을 팁을 준비해야 하고 돌아올 때 면세점 양주라도 한 병 가져와야 하지 않겠

나 하는 생각으로 거금 일십만 원을 환전했다.

작은아해가 사서 읽었다며 건네준 책 한 권 비행기 안에서 읽을 요량으로 챙겼다.

한편으로,

아무렴! 몇 년 만의 바다 밖 나들이인데…….

여기저기 자랑삼아 묻지도 않는 안부 전한다.

"잉, 그려. 나 지금 공항에 나와 있어 그려그려 캄보댜……. 거 뭣이냐 앙코르와트란 디랴! 잘 댕녀올게……."

일백오십 명이 채 안 되는 정원의 작은 비행기가 예정 시간보다 한 시간 반이나 늦게 출발하여 꼬박 다섯 시간 반을 날아가 내린 곳이 캄보디아 시엠레아프공항.

짐 나오기를 기다리는데 청학동에서도 납시었나보다 하였다.

좌우간 땅만 캄보디아이고 계절만 여름으로 바뀌었지 예가 정말 캄보디아인가 싶게 한국인 일색이었다.

버스로 삼십 여분 거리의 호텔.

시차로 인한 것이라며 두 시간을 덤으로 받았음에도 불구하고 자정이 다 돼서 도착하였다.

한국시간으로는 새벽 두 시…….

잠자리는 생각보다 편하고 호텔은 크고 아름답고 깨끗했다.

에어컨을 켜지 않고도 더위를 느끼지 않을 만큼의 적당한 날씨

내일을 위해 자긴 해야 하는데 비좁은 비행기 안에서 벌서듯 꼼짝 않고 버티느라 피곤하였고 시간도 늦었지만 쉬 잠을 이루지 못하다가 새벽녘에 간신히 잠이 들었다.

두 번째 이야기, 첫나들이 캄보디아의 사원

일곱 시 반.

옮겨진 잠자리임에도 불구하고 시간이 늦은데다가 커튼을 치고 잤던 고로 모닝콜이 올 때까지 잘 잤다.

커튼을 걷고 베란다에 나가보니 더운 공기, 그렇지 여긴 남쪽 나

라, 제대로 날아왔구나! 호텔 뷔페는 한국음식도 있었고 몇몇 낯익은 음식들 골라 부족함 없이 먹었다.

앙코르와트 유적군이라고 했다.

대부분의 관광을 이렇게 이루어진다.

무리를 이끌고 다니면서 중간중간 가이드가 설명을 해주는데 발음도 낯선 캄보디아의 역사나 전설…….

아는 이 아무도 없으니 가이드는 제멋대로 이야기해도…….

토질이 우리나라와 비슷하다는 가이드 말은 틀림없는 이야기이다. 빨간 황토에 고운 분말 걸을 적마다 먼지가 풀썩 이는 것이 저 남도 붉은빛 황토와 아주 흡사하다.

황성옛터란 노랫말이 문득 생각났다.

헐어 무너지고 부서진 유적들이 흉물스럽게 보이지는 않았다.

대부분의 벽에 그린 그림이나 새겨진 그림들이 그러하듯, 아주

섬세하고 나름 전설이나 사연이 담긴 것이라 설명은 하지만 너무 먼 그리고 너무 오래된 낯선 이야기들이라 귀에 쉬 들어오질 않는다.

재작년에 다녀왔던 송광사나 백담사 대부분의 우리나라 고찰들의 구조물 그 곡선과 뒷산과 어우러짐처럼 들판에 아로새겨 세워 놓은 건축물이 공간적으로 묘하게 배치해 놓았다는 것을 까막눈도 금세 알 수 있을 정도로 아름다웠다.

예나 지금이나 늘 높은 기온 사람이 살면 얼마나 살았겠나?

기미 독립선언문에 우리 조선반도에 살았던 민중이 이천만이라 했다.

거슬러 올라가 대략 고려 시대 이 땅에 먹고 살기 급급했음에도 돌을 깎아 세우는 것만도 벅찬데 하나같이 망치와 정을 챙겨 들고 밥 먹고 나와 조각만 새긴 것도 아닐진대…….

오랜 세월 비바람에 삭아져 이 모양이지 제대로 가꾸어졌을 무렵 이곳은 풍경은 어떠했을까?

사원이었던 고로 승려들의 모습도 간간이 눈에 띈다.

검은 피부에 묘하게 어울리는 저 패션,

지금은 건기라고 했다.

우기에 비가 얼마만큼 와서 얼마만큼 차이는지는 모르겠지만 이들이 주거하는 곳은 기본적으로 이층이다. 일 층 없는 이층 가옥은 버스로 이동하는 중에 쉽게 눈에 띄었다.

스님들이 기거하는 곳도 예외는 아니다.

캄보디아의 부처님은 우리의 부처님과 사뭇 모양이 다르다.

호텔 여직원의 모습이나 길거리 스쳐 지나가는 사람 중에 부처님의 그것과 비슷한 골격을 지닌 사람들이 간간 눈에 띈다.

아래 그림은 전형적인 캄보디아 사람의 골격을 지닌 캄보디아 조각상중의 하나이다.

세 번째 이야기, 앙코르와트

오랫동안 벼르다 간 것도 아니고 평소 남다른 관심이나 공부가 있었던 것도 아니다.

어느 날 문득, 그리고 라디오에선가 티브이에선가 대전의 한 방송국에서 문화탐방이라 했다.

말이 좋아서 문화탐방이지 아마도 부대사업의 일환으로 관광회사와 손잡고 하는 수익사업 아니겠는가.

그래도 공부가 필요하다면서 교육방송에서 제작했다는 다큐멘터리 제작 파일을 보내준 사람은 오랫동안 벼르고 있던 아직도 벼르고 있는 형이었다.

설명할 재간도 없거니와 설명이 필요 없다고 생각했다. 같은 시대, 우리 조상들이 팔만대장경 새기고 계실 적에 이들은 주변에 없는 고로 구할 수도 없는 어마어마한 크기와 분량의 돌로 이렇게 건축을 하고,

누렸다? 살았다?!

그러니 불가사의라고 할 밖에다.

여기가 들어가는 입구

사방엔 저렇게 물을 채워놓았다.

가이드는 적군이 침입할 때 1차 방어선 역할을 위한 것이라 했지만 교육방송에서 제작한 다큐멘터리에서는 건기와 우기에 따른 지반의 변화로 건축물의 균열을 방지하기 위함이라고 했다.

딴은 둘 다 맞는 말이다.

여기가 사진 찍기 제격인 장소다.

왜?

많은 사람이 여기서 사진을 찍으니까…. 찍고 보니 과연 그러하기도 하다.

곳곳을 둘러봐도 들판과 나무와 건축물이 적당히 아우러져 이런 예술을 연출하고 있다.

끝없이 이어지는 기다란 통로를 따라 왼쪽 벽면에 새겨진 오른쪽 그림과 같은 벽화.

캄보디아의 전설 신화 역사.

일목요연 섬세하고 세밀하게 문화 예술적으로 그려져 있다.

사람이 지은 것도 설명하기 어렵거니와 한 사람의 머릿속에 담긴 것을 여럿이 망치와 정으로 새겨냈다는 것도 납득하기 어렵다.

그래서 답은 하나다.

이는 신이 지은 것이다…….

높이가 대략 60미터가 넘는 구조물(돌은 어디서 났을까?) 어떻게 저렇게 지었을까?

어떻게 저렇게 세밀하게 조각을 하였을까?

돌 없는 들판에 돌로 지은 건축물 꼭대기에 올라 내려다본 풍경, 포클레인도 크레인도 지게차도 없던 시절이었다.

앙코르와트의 의문은 다음 몇 가지이다.

그 많은 돌은 어디서 왔을까?

크메르 왕조가 태어났다는 프놈쿨렌이란 야트막한 산이 있다.

대략 백여 리 떨어져 있는데 그곳에서 코끼리 등에 싣고 옮겨왔다고 한다.

그 엄청난 규모의 건축물에 대한 설계 벽에 새겨진 엄청난 분량의 조각

한 사람의 머릿속에서 그려져 형상화되기까지의 과정 그리고 어떻게 이 거대함이 소리 소문 없이 사라져 갔을까?

네 번째 이야기, 앙코르톰

앙코르톰이라 했던가?

유적군이라 한다고 한다. 맞는 말이다.

농사지을 적,

모판에 씻나락 촉 틔워 비닐 덮어 사나흘 쌓아놓으면 여리디여린 촉이 올라오면서 비닐을 뚫는다.

아주 융성했던 제국이, 까닭 모르게 쇠퇴하여 오랜 기간 방치된 사이 나무가 뿌리를 내리고 휘감고 하는 모습을 보면서 인간이 자연 앞에 얼마나 무기력한가를 볼 수 있다고 가이드는 말하지만, 그 거대하고 흉측해 보이는 뿌리는 뿌리가 아니라 거대한 뱀을 연상시켰다.

유네스코에서 자금을 지원받아 복원 작업을 하는 모습도 눈에 띈다.

흐흐, 미켈란젤로 할아버지가 단연 세계 으뜸이라 자부하던 그들이 이 일을 하면서 무슨 생각을 할까?

그러다 문득 앙코르는 아시아의 자존심이란 생각이 들었다.

유네스코에서 지원을 받아 복원공사를 하는 모습이다.

12세기경 완벽하게 지어놓은 건축물 현대과학과 기술을 동원한다고 하였지만 얼마만큼 복원이 가능할까?

청출어람이란 말이 있긴 하지만 때로는 스승보다 못한 제자도 있는 법, 조상보다 못한 후손이 그러했다. 꼭 캄보디아 사람들만 두고 한 생각이 아니다.

사람이,

귀한 돌을 어렵게 옮겨오고 정성 들여 모양내고 공들여 지었지만, 생각 없는 나무가 오랜 세월 야금야금 숨통을 조이다시피 휘감고 무너뜨린 모습.

그 누구도 신이 되어서는 아니 된다는 신의 벌칙임직도 하건만 그들 보다 못난 후손들이 옛날의 영화를 꿈꾸면서 크레인 들이대어 다시 쌓아 올리려는 모습처럼 보인다.

다섯 번째 이야기, 호수 또는 물 이야기

동양 최대의 담수 호수라고 했다.

톤레샤프 호수,

내 사는 미호천에 큰물 지고 사나흘쯤 지난 뒤의 그 흐린 물색에다가 깊이는 어른들 가슴팍까지 찬다고 했다.

고기를 잡아 연명한다고 하는데 가끔씩 배 위에서 그물을 터는 모습도 눈에 띈다. 대략 일곱 치에서 아홉 치 정도의 크기 호수의 크기로 보면 좀 더 큰 물고기가 살 법도 한데…….

그림은 다소 멋있게 나온 것도 있지만 물색만큼이나 이들의 삶은 탁해 보였다.

여섯 번째 이야기, 캄보디아의 어린이, 캄보디아의 사람들

사원 담벼락에서 놀다가 관광객이 오면 따라붙는다.

같이 걸으며 손에 쥔 카드를 센다.

하나, 둘, 셋……

혹은 원, 투, 쓰리……

열 장에 일 달러라면서…….

현지 가이드는 그것을 사주면 저들이 학교에 가질 않기 때문에 사지 말라 하고 한국에서 따라간 여자 가이드는 사주라고 한다.

문맹률이 60%라는 가이드의 말에 적선을 해야 할지 하지 말아야 할지 관광하는 내내 화두였다.

돌이 귀한 곳임에도 돌이 흔한지라 평생을 돌에 정으로 그림 새기며 살다간 후예들이라서 그런가?

돌에 붙어 노는 모습이 자연스러워 보인다.

일찍이 인도의 시성 타고르가 우리나라를 일컬어 20세기 빛나던 등촉의 하나였다고 노래했지만, 12세기에 이들이야 말로 아시아에서 가장 빛나던 등촉의 하나였으리라 생각한다.

그럼에도 불구하고 잠시 전해들은 짧은 지식을 바탕으로 판단컨대 절대 왕권이 신이 되고자 하는 욕심으로 국력을 없는 돌 구해다 거대한 성전을 짓는데 소모한 나머지 쇠락했고 어린이는 나라의 미래라 했는데 그들의 후예마저 저렇게 구걸로 하루해를 보내는 것이 마냥 측은하고 서글프기까지 했다.

한편으로, 비록 초라하고 구차하고 불결하기까지 한 그들이었음에도 불구하고 그들의 눈망울은 한없이 맑고 깊어 어쩌다 눈이 마주치면 까닭 모를 부끄럼이랄지 수줍음이랄지 자연 고개를 숙

이거나 외면하게 된다.

이번 여행 중 앙코르와트 못지않게 두고두고 기억에 남으리라는 생각이다.

하여, 그 등불 다시 켜지는 날.

캄보디아는 분명 세계에서 가장 빛나는 등촉이 되고도 남음이 있을 거라는 생각도 했다.

소풍 나온 모습이 눈에 띈다.

할아버지들이 누렸던 옛 영화,

아버지들이 잊지 못한 역사,

저 아해들은 무슨 생각을 하고 걸어가는 것일까?

가끔 우리 야학 같은, 때로는 시골 초등학교 같은 학교 모습도 눈에 띈다.

어느 나라를 막론하고 어린이는 그 나라의 미래이거늘,

저들 어깨에 지워진 역사적 책무가 있을 것인데, 저들이 어찌 감당할까!

아직도 거대한 돌 구조물과 맑고 깊은 눈망울의 구걸하는 캄보디아의 어린이를 생각한다. 공항 입출국 장과 호텔 면세점 관광지 곳곳 저녁에 잠시 들른 야시장 골목을 누비는 사람들은 남녀노소 하나같이 대한민국 국민 일색이었다.

한편 자랑스럽기도 하고 한편 걱정되기도 하고, 둘째 날 저녁 식사 전 전신 마사지는 몸은 편했지만, 마음은 불편했다.

외간 여자에게 몸을 내맡기는 것도 그러했고 생계를 위해 외간 남자의 몸을 맡아야 하는 앳된 캄보디아 여인의 입장을 생각해서도 그러했다.

잠자리도 식사도 대체로 만족할 만큼 준비되어 있었고 쇼핑을 강요하거나 팁을 요구하거나 하던 과거 잘못된 관행은 많이 개선된 듯하면서도 개선의 여지가 곳곳에 눈에 띄었다.

앙코르와트에서 시간이 너무 짧아 아쉬웠고, 다시 한 번 되새겨 보면서 남는 아쉬움은, 불가사의 내지는 신이 지었다고 결론지을 수밖에 없는 이 거대하고 웅장한 유물은 누가 뭐래도 아시아의 자존심이자 맥을 잇지 못한 것은 아시아의 수치라는 생각을 했다.

공부하고 많이 알아가서 보면 더 많은 것이 보이겠지만 그냥 보고 느끼고 생각하고 그러면서 다녀온 캄보디아의 여행은 과거로의 시간여행이기도 했다.

이 지구상에 잠시 다녀간, 아직 머무르고 있는 수많은 인생 중에 쉰넷의 나이로 아주 오래전 우리가 납득할 수 없는 방법으로 건설했던 왕국, 사원 짓고 살았던 사람들의 삶을 생각하면서 보낸 지난 며칠간은 참 소중하고 행복했다.

역사의 맥이 끊기고 외세의 침략과 내전으로 엄청난 아픔과 시련을 겪었고 아직도 그 아픔을 가슴에 묻고 말없이 사는 후예들에게 타고르가 우리나라에 했던 덕담을 빌어,

오래전 아시아의 가장 빛나는 등촉이었던 그대들,

그 등불 다시 한 번 켜져 동방의 밝은 빛이 되기를 소망하면서.

2013. 04. 08.